桂林东巷考古发掘报告

广西文物保护与考古研究所
桂林市文物保护与考古研究中心 编著

科学出版社

北京

内 容 简 介

本书为配合桂林市正阳路东巷改造工程而开展的抢救性考古勘探、发掘报告。报告内容主要包括探沟、探方考古发掘发现情况、重要遗迹、出土文物三个部分，着重介绍东巷发掘区域的地层堆积情况、桂林靖江王府宗祠遗址的发现情况以及出土的各个历史时期的文物，读者从中可以了解桂林城区深厚的历史底蕴及城市变迁过程，也为研究桂林历史文化提供了难得的实物资料。

本书可供考古学、历史学等相关专业师生和专家、学者参考、阅读。

图书在版编目（CIP）数据

桂林东巷考古发掘报告 / 广西文物保护与考古研究所，桂林市文物保护与考古研究中心编著. -- 北京：科学出版社，2024.11. -- ISBN 978-7-03-080203-3

Ⅰ. K872.673.5

中国国家版本馆CIP数据核字第2024TC8763号

责任编辑：柴丽丽 / 责任校对：邹慧卿
责任印制：肖　兴 / 封面设计：美光设计

科学出版社 出版
北京东黄城根北街16号
邮政编码：100717
http://www.sciencep.com
北京汇瑞嘉合文化发展有限公司印刷
科学出版社发行　各地新华书店经销
*
2024年11月第 一 版　开本：889×1194　1/16
2024年11月第一次印刷　印张：10 1/4　插页：68
字数：540 000
定价：328.00元
（如有印装质量问题，我社负责调换）

目　　录

第一章　概述 ……………………………………………………………………（1）

　第一节　桂林东巷历史沿革 …………………………………………………（2）

　第二节　东巷过往调查、发掘及研究概况 …………………………………（5）

第二章　遗址勘探、发掘概况 …………………………………………………（7）

第三章　探沟、探方 ……………………………………………………………（9）

　第一节　探沟 …………………………………………………………………（9）

　　一、G1 ………………………………………………………………………（9）

　　二、G2 ………………………………………………………………………（12）

　　三、G3 ………………………………………………………………………（13）

　第二节　探方 …………………………………………………………………（14）

　　一、T1 ………………………………………………………………………（16）

　　二、T2 ………………………………………………………………………（18）

第四章　重要遗迹 ………………………………………………………………（20）

　第一节　G1发现的灰坑和磉墩 ……………………………………………（20）

　第二节　明代靖江王府宗祠遗址 ……………………………………………（21）

　第三节　明代靖江王府宗祠地基 ……………………………………………（23）

　第四节　元代路面 ……………………………………………………………（23）

　第五节　宋代水沟及水槽 ……………………………………………………（24）

　第六节　岑毓英故居遗址（局部） …………………………………………（24）

　第七节　民国时期瓷器灰坑 …………………………………………………（24）

第五章　出土遗物 ………………………………………………………………（25）

　第一节　铜钱 …………………………………………………………………（25）

　第二节　金属器 ………………………………………………………………（28）

　　一、铜器 ……………………………………………………………………（28）

　　二、铁器 ……………………………………………………………………（28）

　第三节　石质文物 ……………………………………………………………（29）

　　一、大型石构件 ……………………………………………………………（29）

　　二、小型石构件 ……………………………………………………………（30）

三、其他 ……………………………………………………………（30）

第四节　建筑构件 ………………………………………………（31）

一、板瓦 ……………………………………………………………（31）

二、板瓦瓦沿 ………………………………………………………（31）

三、筒瓦 ……………………………………………………………（32）

四、平口条 …………………………………………………………（32）

五、压带条 …………………………………………………………（32）

六、花纹砖 …………………………………………………………（33）

七、灵霄盘子 ………………………………………………………（35）

八、砖 ………………………………………………………………（35）

九、瓦当 ……………………………………………………………（36）

十、滴水 ……………………………………………………………（39）

十一、脊兽 …………………………………………………………（40）

十二、特殊建筑构件 ………………………………………………（41）

第五节　陶器 ……………………………………………………（42）

一、支具 ……………………………………………………………（42）

二、碾轮 ……………………………………………………………（42）

三、擂钵 ……………………………………………………………（42）

四、瓮 ………………………………………………………………（43）

五、灯 ………………………………………………………………（44）

六、檐口坛 …………………………………………………………（45）

七、罐 ………………………………………………………………（46）

八、盆 ………………………………………………………………（48）

九、执壶 ……………………………………………………………（48）

十、虎子 ……………………………………………………………（49）

十一、器盖 …………………………………………………………（50）

十二、筷子筒 ………………………………………………………（51）

十三、钵 ……………………………………………………………（51）

十四、釜 ……………………………………………………………（51）

第六节　瓷器 ……………………………………………………（52）

一、汤匙 ……………………………………………………………（52）

二、壶 ………………………………………………………………（54）

三、盏 ………………………………………………………………（57）

四、盘 ………………………………………………………………（58）

五、钵 ………………………………………………………………（60）

六、器盖 ……………………………………………………………（61）

七、杯 ……………………………………………………………………（65）

八、碟 ……………………………………………………………………（83）

九、碗 ……………………………………………………………………（99）

十、其他 …………………………………………………………………（137）

第六章　发掘收获与初步认知 …………………………………………（144）

一、年代分期 ……………………………………………………………（144）

二、宗祠建筑 ……………………………………………………………（148）

后记 ………………………………………………………………………（150）

插图目录

图一　靖江王府位置示意图 ………………………………………（2）

图二　明代靖江王府图 ……………………………………………（4）

图三　探沟分布图 …………………………………………………（10）

图四　考古发掘位置示意图 ………………………………………（15）

图五　T1磉墩平面图 ………………………………………………（17）

图六　T1北壁剖面图 ………………………………………………（17）

图七　T1东壁剖面图 ………………………………………………（17）

图八　T1南壁剖面图 ………………………………………………（18）

图九　T1西壁剖面图 ………………………………………………（18）

图一〇　H5平面图 ………………………………………………（21）

图一一　靖江王府宗祠遗址测绘图 ………………………………（22）

图一二　靖江王府宗祠西北角须弥座平、剖面图 ………………（22）

图一三　元代墁砖路面平面图 ……………………………………（23）

图一四　铜钱 ………………………………………………………（26）

图一五　铜钱 ………………………………………………………（27）

图一六　铜器、铁器、石器 ………………………………………（30）

图一七　瓦件 ………………………………………………………（33）

图一八　砖类建筑构件 ……………………………………………（34）

图　九　A型瓦当 …………………………………………………（38）

图二〇　瓦当 ………………………………………………………（39）

图二一　滴水 ………………………………………………………（40）

图二二　建筑构件、陶支具 ………………………………………（41）

图二三　陶碾轮、擂钵、瓮 ………………………………………（43）

图二四　陶灯 ………………………………………………………（44）

图二五　陶灯 ………………………………………………………（45）

图二六　陶檐口坛、盆 ……………………………………………（46）

图二七　陶罐 ………………………………………………………（47）

图二八　陶执壶、虎子 ……………………………………………（49）

图二九 陶器盖、筷子筒、钵、釜 …………………………………………………（51）

图三〇 瓷汤匙 ………………………………………………………………………（52）

图三一 瓷汤匙 ………………………………………………………………………（53）

图三二 瓷壶 …………………………………………………………………………（55）

图三三 釉上彩瓷壶 …………………………………………………………………（56）

图三四 瓷壶 …………………………………………………………………………（57）

图三五 瓷盏、盘 ……………………………………………………………………（58）

图三六 瓷盘 …………………………………………………………………………（59）

图三七 瓷钵 …………………………………………………………………………（60）

图三八 瓷器盖 ………………………………………………………………………（62）

图三九 瓷器盖 ………………………………………………………………………（63）

图四〇 B型青花瓷器盖 ……………………………………………………………（64）

图四一 釉上彩瓷器盖 ………………………………………………………………（65）

图四二 瓷杯 …………………………………………………………………………（67）

图四三 瓷杯 …………………………………………………………………………（68）

图四四 瓷杯 …………………………………………………………………………（68）

图四五 青花瓷杯 ……………………………………………………………………（70）

图四六 Ab型青花瓷杯 ……………………………………………………………（71）

图四七 青花瓷杯 ……………………………………………………………………（72）

图四八 B型青花瓷杯 ………………………………………………………………（74）

图四九 B型青花瓷杯 ………………………………………………………………（75）

图五〇 B型青花瓷杯 ………………………………………………………………（77）

图五一 B型青花瓷杯 ………………………………………………………………（78）

图五二 瓷杯 …………………………………………………………………………（80）

图五三 瓷杯 …………………………………………………………………………（80）

图五四 A型釉上彩瓷杯 ……………………………………………………………（81）

图五五 釉上彩瓷杯 …………………………………………………………………（82）

图五六 透明釉瓷碟 …………………………………………………………………（84）

图五七 瓷碟 …………………………………………………………………………（86）

图五八 瓷碟 …………………………………………………………………………（87）

图五九 Ab型青花瓷碟 ……………………………………………………………（88）

图六〇 Ab型青花瓷碟 ……………………………………………………………（89）

图六一 青花瓷碟 ……………………………………………………………………（91）

图六二 青花瓷碟 ……………………………………………………………………（93）

图六三 青花瓷碟 ……………………………………………………………………（94）

图六四 青花瓷碟 ……………………………………………………………………（95）

图六五　瓷碟……………………………………………………………（97）

图六六　瓷碟……………………………………………………………（98）

图六七　青釉瓷碗………………………………………………………（100）

图六八　青釉瓷碗………………………………………………………（101）

图六九　瓷碗……………………………………………………………（102）

图七〇　瓷碗……………………………………………………………（103）

图七一　透明釉瓷碗……………………………………………………（104）

图七二　瓷碗……………………………………………………………（105）

图七三　Aa型釉上彩瓷碗……………………………………………（107）

图七四　釉上彩瓷碗……………………………………………………（108）

图七五　釉上彩瓷碗……………………………………………………（108）

图七六　Aa型釉上彩瓷碗……………………………………………（109）

图七七　釉上彩瓷碗……………………………………………………（109）

图七八　Aa型青花瓷碗………………………………………………（111）

图七九　Aa型青花瓷碗………………………………………………（111）

图八〇　Aa型青花瓷碗………………………………………………（113）

图八一　Aa型青花瓷碗………………………………………………（114）

图八二　Aa型青花瓷碗………………………………………………（115）

图八三　Aa型青花瓷碗………………………………………………（117）

图八四　Aa型青花瓷碗………………………………………………（118）

图八五　青花瓷碗………………………………………………………（120）

图八六　Ab型青花瓷碗………………………………………………（122）

图八七　Ab型青花瓷碗………………………………………………（123）

图八八　Ab型青花瓷碗………………………………………………（125）

图八九　Ab型青花瓷碗………………………………………………（126）

图九〇　Ab型青花瓷碗………………………………………………（127）

图九一　青花瓷碗………………………………………………………（128）

图九二　青花瓷碗………………………………………………………（129）

图九三　Ba型青花瓷碗………………………………………………（131）

图九四　Ba型青花瓷碗………………………………………………（132）

图九五　青花瓷碗………………………………………………………（134）

图九六　青花瓷碗………………………………………………………（135）

图九七　C型青花瓷碗…………………………………………………（137）

图九八　其他瓷器………………………………………………………（139）

图九九　其他瓷器………………………………………………………（140）

图一〇〇　其他瓷器……………………………………………………（141）

图一〇一　玩具、摆件类瓷器 ……………………………………………………（142）

图一〇二　瓷灯 ……………………………………………………………………（143）

图一〇三　静江府城池图 …………………………………………………………（145）

图一〇四　光绪年间桂林《省城图》 ……………………………………………（147）

图 版 目 录

图版一　鸟瞰靖江王府

图版二　G1地层及相关遗迹

图版三　G1发掘现场及重要遗迹

图版四　G1西侧地层、G2地层及重要遗迹

图版五　建筑基础及地层剖面

图版六　T1地层剖面及完工照

图版七　靖江王府宗祠重要遗存

图版八　靖江王府宗祠建筑遗存

图版九　靖江王府宗祠地下建筑夯土层及片石面

图版一〇　元代路面及宋代排水沟

图版一一　宋代石质水槽及岑毓英故居

图版一二　岑毓英故居及H1

图版一三　H2及其出土遗物

图版一四　铜器、铁器

图版一五　铁器、石砚台、石构件

图版一六　板瓦、板瓦瓦沿

图版一七　瓦件

图版一八　瓦件、砖类建筑构件

图版一九　砖类建筑构件

图版二〇　砖

图版二一　砖

图版二二　砖、瓦当

图版二三　A型瓦当

图版二四　瓦当

图版二五　瓦当、滴水

图版二六　滴水

图版二七　滴水、脊兽

图版二八　特殊建筑构件

图版二九　特殊建筑构件、陶支具

图版三〇　陶碾轮、擂钵、瓮、灯

图版三一　A型陶灯

图版三二　B型陶灯

图版三三　陶檐口坛、罐

图版三四　陶罐、盆、执壶

图版三五　陶执壶、虎子、器盖

图版三六　陶器盖

图版三七　陶器盖、陶筷子筒、陶钵、陶釜、瓷汤匙

图版三八　瓷汤匙、壶

图版三九　A型釉上彩瓷壶

图版四〇　釉上彩瓷壶

图版四一　瓷壶、盏

图版四二　瓷盏、盘

图版四三　瓷盘、钵

图版四四　瓷盘、钵

图版四五　瓷钵、器盖

图版四六　透明釉瓷器盖

图版四七　瓷器盖

图版四八　瓷器盖

图版四九　瓷器盖、杯

图版五〇　青釉瓷杯

图版五一　瓷杯

图版五二　瓷杯

图版五三　青花瓷杯

图版五四　Ab型青花瓷杯

图版五五　Ac型青花瓷杯

图版五六　B型青花瓷杯

图版五七　B型青花瓷杯

图版五八　B型青花瓷杯

图版五九　B型青花瓷杯

图版六〇　瓷杯

图版六一　瓷杯

图版六二　A型釉上彩瓷杯

图版六三　釉上彩瓷杯

图版六四　B型透明釉瓷碟

图版六五　瓷碟

图版六六　青花瓷碟

图版六七　Ab型青花瓷碟

图版六八　Ab型青花瓷碟

图版六九　Ab型青花瓷碟

图版七〇　青花瓷碟

图版七一　Ab型青花瓷碟

图版七二　Ab型青花瓷碟

图版七三　Ab型青花瓷碟

图版七四　Ab型青花瓷碟

图版七五　青花瓷碟

图版七六　Bb型青花瓷碟

图版七七　Bc型青花瓷碟

图版七八　Bc型青花瓷碟

图版七九　瓷碟

图版八〇　釉上彩瓷碟

图版八一　Ab型青釉瓷碗

图版八二　Ab型青釉瓷碗

图版八三　B型青釉瓷碗

图版八四　B型青釉瓷碗

图版八五　C型青釉瓷碗

图版八六　瓷碗

图版八七　Aa型透明釉瓷碗

图版八八　瓷碗

图版八九　Aa型釉上彩瓷碗

图版九〇　Aa型釉上彩瓷碗

图版九一　Aa型釉上彩瓷碗

图版九二　釉上彩瓷碗

图版九三　釉上彩瓷碗

图版九四　Aa型青花瓷碗

图版九五　Aa型青花瓷碗

图版九六　Aa型青花瓷碗

图版九七　Aa型青花瓷碗

图版九八　Aa型青花瓷碗

图版九九　Aa型青花瓷碗

图版一〇〇　Aa型青花瓷碗

图版一〇一　　Aa型青花瓷碗

图版一〇二　　Aa型青花瓷碗

图版一〇三　　Aa型青花瓷碗

图版一〇四　　Aa型青花瓷碗

图版一〇五　　青花瓷碗

图版一〇六　　Ab型青花瓷碗

图版一〇七　　Ab型青花瓷碗

图版一〇八　　Ab型青花瓷碗

图版一〇九　　Ab型青花瓷碗

图版一一〇　　Ab型青花瓷碗

图版一一一　　Ab型青花瓷碗

图版一一二　　Ab型青花瓷碗

图版一一三　　Ab型青花瓷碗

图版一一四　　Ab型青花瓷碗

图版一一五　　Ab型青花瓷碗

图版一一六　　Ab型青花瓷碗

图版一一七　　Ac型青花瓷碗

图版一一八　　青花瓷碗

图版一一九　　Ba型青花瓷碗

图版一二〇　　Ba型青花瓷碗

图版一二一　　Ba型青花瓷碗

图版一二二　　青花瓷碗

图版一二三　　Bb型青花瓷碗

图版一二四　　Bb型青花瓷碗

图版一二五　　Bb型青花瓷碗

图版一二六　　Bb型青花瓷碗

图版一二七　　青花瓷碗

图版一二八　　瓷碗、盏托

图版一二九　　瓷笔筒、鸟食罐、鼻烟壶

图版一三〇　　瓷瓶

图版一三一　　瓷瓶、盒、钵、盆

图版一三二　　瓷罐

图版一三三　　瓷罐、鸟形笔插

图版一三四　　瓷鸡、鸭、狮

图版一三五　　瓷坐俑、骑马俑

图版一三六　　瓷小壶、灯

第一章 概 述

  桂林是举世闻名的山水风光旅游城市，也是具有悠久历史的文化之城。1982年入选成为第一批全国历史文化名城。2013年3月，桂林市政府编制的《桂林国际旅游胜地建设发展规划纲要》获得国家发改委的正式批复，桂林市以建设国际旅游胜地为目标，开始了新一轮的城市面貌改造工程。规划中一个重要的改造方向就是深入发掘历史文化街区的价值。同年，桂林市政府将对正阳街东西巷的修缮整治工程写入《桂林市政府工作报告》，并成立了项目建设工作领导小组。东西巷改造工程主要以整治拆除、复原修建、原地修缮和移动修缮保护等手段为主，打造桂林旅游新地标。2013年8月1日，正阳路东巷改造工程率先正式启动。受广西壮族自治区文物局委托，广西文物保护与考古研究所于8月下旬进场进行相关的考古勘探、发掘工作。

  东西巷是东巷、西巷的合称，其名称最早见于清光绪年间，光绪十五年（1889年）《广西通志辑要》中的《省城图》明确标注了东巷和西巷的具体位置就在清代广西贡院正贡门之东西。东巷位于桂林明代靖江王府正阳门（南门）外东面，其西端与靖江王府的中轴线——正阳路相接。正阳路以西，与东巷对称的区域则称为西巷。东西巷以南跨过解放东路，就是桂林商业中心之一的正阳步行街。

  东西巷的形成历史与明代靖江王府紧密相关。靖江王府始建于洪武五年（1372年），是朱元璋封其侄孙朱守谦为靖江王之后，利用独秀峰下元顺帝潜邸万寿殿及其周围修建的王府。王府围墙四至为中山中路以东，滨江路北段以西，解放东路以北，凤北路以南。中心独秀峰地理坐标为东经110°17′41″、北纬25°17′5″。王府毗邻伏波山、宝积山、叠彩山等三处著名的风景点，漓江从其东侧几百米外自北向南流过。该地段自南朝以来是桂林城的中心，其内曾先后有南朝颜延之读书岩、唐代府学、宋代五咏堂、元顺帝大园寺潜邸和万寿殿等建筑遗迹（图一）。

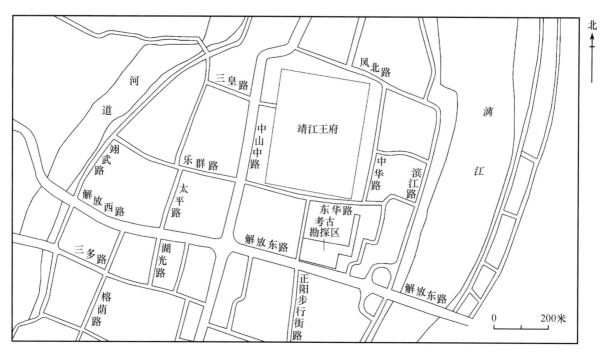

图一　靖江王府位置示意图

第一节　桂林东巷历史沿革

　　清光绪十五年（1889年）刊本《广西通志辑要》中的《省城图》图示表明，东巷、西巷的位置在广西贡院南门外之左右①。虽然其得名之始已至清中晚期，但是其优越的地理位置，足以让人们理解其商业繁华与历史悠久渊源有自。

　　汉武帝元鼎六年（前111年）设零陵郡，下辖的县中有始安县，这是桂林行政建制之始。但根据考古发现的情况，其县治所在并不在今桂林市区内，而是在今桂林所辖的全州与兴安两县之间。桂林市区的城建大致当始于三国时期，吴孙皓甘露元年（265年）分零陵南部都尉立始安郡，属广州。晋成帝时属荆州。南朝刘宋时期，宋文帝元嘉十六年（439年）置湘州，始安郡属之；二十九年（452年），始安郡属广州；三十年（453年），复属湘州。明帝改为始建郡，治始安，领始安、熙平、永丰、荔浦、平乐、建陵、乐化等七县②。萧齐复为始安郡，治始安，属湘州，辖始安、荔浦、建陵左县、熙平、永丰、平乐等六县③。梁天监六年（507年）七月丙寅，分广州置桂州，大同六年（540年）十二月壬子，置桂州于湘州始安郡，受湘州督，省南桂林等二十四郡，悉改属始安郡④。此为桂州得名之始，其辖区范围迅速扩大。自此

---

①　（清）沈秉成修，苏宗经、羊复礼撰：《广西通志辑要》，台北：成文出版社，1967年，第2页。
②　（南朝·梁）沈约：《宋书》卷五，北京：中华书局，1974年，第86、1135页。
③　（南朝·梁）萧子显：《南齐书》卷十五，北京：中华书局，1974年（第二次印刷），第288页。
④　（唐）姚思廉：《梁书》卷二、三，北京：中华书局，1973年，第45、85页。

以后，桂林逐渐成为粤西的政治、经济、文化中心①。陈朝因之。

南朝时期桂州城所在确切位置目前尚未发现，但从刘宋时期桂州太守颜延之在现桂林市中心的独秀峰下读书，可以推想当时桂州的最高行政机构当在独秀峰周围。东西巷与北面的独秀峰直线距离仅约200～300米，自南朝初年起就是桂林城的核心地段。

隋文帝结束了自三国以来长达300多年的分裂状态，重归一统。"开皇三年，遂废诸郡。泊于九载，……析置州县"，平陈后先置桂州总管府，大业初废，复置始安郡，郡治在始安县（在今桂林市区内）②。

唐代以后，桂林的城建始有明确的记载。武德四年（621年），平萧铣，置桂州总管府，管桂、象、静、融、贺、乐、荔、南昆、龙等九州，并定州一总管，桂州领始安、福禄、纯化、兴安、临源、永福、阳朔、归义、宣风、象十县。唐贞观元年（627年），将全国划分为十道，桂州属岭南道③。李靖灭萧铣，平定岭南，武德四年（621年）任职桂州总管期间，着手建城，选独秀峰之南百余步建衙城（也称子城），为官署办公地点。"子城在漓江西，周三里十八步，高一丈二尺，有门四"④，这是最早见诸史籍关于桂林建城墙的记载。唐宣宗大中年间（847～859年），桂州刺史蔡袭在原子城的基础上，向外增建了外城。外城周长三十里，高三丈二尺⑤，其南墙或扩展到今杉湖北岸，正阳路步行街南端。光启年间（885～888年），桂州都督陈可环在子城的西北修筑"夹城"，"从子城西北角二百步北上抵伏波山。缘江南下抵子城逍遥楼，周回六七里"⑥。现逍遥楼已根据文献记载的地点重修，若以此为参照，东西巷所在位置可能在子城之内，或者在靠近子城南墙之外的外城之内。无论以上何种情况，其上所建建筑的级别不低。

入宋以后，至道三年（997年），置岭南西道，治桂州，桂林在岭南西部的地位进一步提高。为了加强州府的安全，至和元年（1054年）八月，在岭南西道安抚使余靖的主持下，将唐代外城和夹城拓宽加固，以砖石代替唐代的夯筑，历时三年半。宋城方六里。宋代除这次修筑以外，还屡有增补。宝祐六年（1258年）至咸淳八年（1272年），李曾伯、朱禩孙、赵与霖、胡颖等主持修筑过靖江府城。竣工后在桂林鹦鹉山南麓山石上刻凿《静江府城池图》，图中可见今东西巷所在位置在宋代桂州城依然是非常中心的地段。

元代桂州城未作改建，元末至正十六年至至正二十年（1356～1360年）发动军民加固城池。由于元顺帝曾被贬桂州两年，居住在独秀峰下的大圆寺，登基大宝后，该处潜邸于至正二十三年（1363年）改建为万寿殿。靖江王府始建于明洪武五年（1372年），洪武二十六年（1393年）建成。正德、万历年间增建懋德堂和亭台楼榭等，明末开始衰败（图二）。清顺

---

① 钟文典：《桂林通史》，桂林：广西师范大学出版社，2008年，第42页。

② （唐）魏徵、令狐德棻撰：《隋书》卷二十九，北京：中华书局，1973年，第807页。

③ （后晋）刘昫等：《旧唐书》卷四十一，北京：中华书局，1973年，第1725页。

④ （清）蔡呈韶等修，胡虔等撰：《临桂县志》卷十七，台北：成文出版社，1967年，第269页。

⑤ （清）蔡呈韶等修，胡虔等撰：《临桂县志》卷十七，台北：成文出版社，1967年，第269页。

⑥ （宋）莫休符：《桂林风土记》，北京：商务印书馆，1936年，第5页。

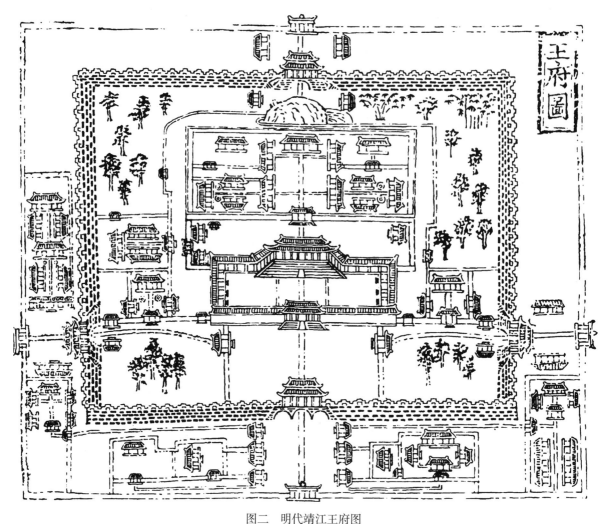

图二　明代靖江王府图

（采自桂林市志编纂委员会：《桂林市志》，北京：中华书局，1997年，第2985页）

治七年（1650年）起成为定南王孔有德"定南王府"，顺治九年（1652年），被孔有德焚毁。顺治十四年（1657年），在靖江王府故址上修建广西贡院，后迁出；康熙二十年（1681年），复为贡院；此后多有建设，逐渐形成了龙门、公堂、明远楼、东西文场、号舍、监临、眷录等廨宇。光绪二十九年（1903年）用作咨议局；后有几座学堂进驻。宣统三年（1911年）改为都督府，随即改为广西省参议院，并继续兼做学校。1921年底，孙中山率北伐军至桂林，以靖江王府旧址作为总统行辕和大本营，在此整编军队，筹备北伐，在月牙池中修建水榭。1925年，开辟为中山公园，建中山纪念塔和仰止亭，后毁坏，1981年重建。1947年，用作广西省政府，"以宫殿式为外形，西洋式为内容"①，在明代建筑台基上修建门楼和省政府主席办公楼等多栋办公建筑。1949年底，军政大学进驻。1952年后为广西师范学院（今广西师范大学）校区，延续至今（图版一）。

---

① 1949年《桂林市志》，转引自林哲：《桂林靖江王府》，桂林：广西师范大学出版社，2009年，第17页。

　　根据文献资料和现存遗址，靖江王府原有宫城城墙及四门、萧墙、承运门、承运殿、配殿、王宫、回廊、斋宫、进膳厨、社稷坛、宗庙、王府花园、王府暗道等。由于战乱和历史变迁，现在仅保留有宫城城墙及四门、承运门、承运殿和花园遗址。现存主要有明代靖江王府宫墙城门、承运门和承运殿台明、王宫花园遗址、清代贡院遗迹、民国广西省政府建筑群等。

第二节　东巷过往调查、发掘及研究概况

　　20世纪50年代末、60年代初第一次全国文物普查期间，广西壮族自治区文物管理委员会会同桂林市文物管理委员会组成靖江王府与靖江王墓群文物普查小组，对靖江王府进行了实地调查。此次调查结果并未形成正式文本对外公布，但"桂林王城"在此之后被广西壮族自治区人民政府公布为自治区重点文物保护单位，"明靖江王墓群"同时被列入该名单。

　　20世纪80年代，全国范围内再次展开对文物的普查工作。桂林市文物管理委员会组成调查组重点对靖江王陵展开专项调查，发现并记录靖江王墓群数量共326处，这次调查成果《靖江王墓群墓葬调查资料汇编》是对该墓群最全面的考古调查记录。第二次全国文物普查摸清了明靖江王相关遗存后，成立了靖江王墓群保护管理机构，并于1996年将靖江王府与王陵升格为全国重点文物保护单位。

　　2011年，第三次全国文物普查对靖江王遗存的调查依然以靖江王墓群为主。靖江王府内一直为广西师范大学校园，未有新的发现。但二者的重要性因在此前一年（2010年）被列入国家考古遗址公园建设立项名单而得以尽显。

　　桂林靖江王府的中心是孤峰耸立的独秀峰。南朝刘宋时期的郡守颜延之曾在此山下读书，此后独秀峰一直是桂林标志性的风景名胜区。因此，环绕独秀峰而建的明代靖江王府与独秀峰成为桂林旅游的重要资源，一方面漓江西岸的独秀峰代表了桂林喀斯特地形所赋予的奇山秀水；另一方面，靖江王府则代表了桂林的悠久历史文化。二者的完美结合使其名声大振，2006年以"桂林靖江王城景区"名称列为国家4A级旅游景区；2012年12月再上新台阶，荣膺国家5A级旅游景区。

　　优质的旅游资源也需要对其中明代藩王遗留的文化遗产在保护的基础上进行合理利用。2012年5月，中国文化遗产研究院编制了《全国重点文物保护单位桂林靖江王府及王陵—靖江王府保护规划（2012—2030）》，经过多次修改，2020年国家文物局对此批复《国家文物局关于靖江王府保护规划（2019—2035）意见的函》［文物保函（2020）441号］，原则上同意该规划，并提出修改意见。2020年12月，广西桂林市文化广电和旅游局将修改后的靖江王府保护规划上报广西壮族自治区文化和旅游厅，待广西壮族自治区人民政府批准公布。该规划维持现有的保护范围，东、北、西侧以王府城墙地表墙基为基线外延16米，西南、南侧至正阳路东、西巷及江南巷道路中线，文物保护范围面积21.5万平方米；建设控制地带包括东至漓江西岸滨江路沿线，南至三多路和依仁路一线，西至四会路一线，西北角至宝积山脚下，北至宝积山南侧和叠彩路一线，面积约86.2万平方米。

截至2013年8月，文物部门未系统开展王府内部及周边区域的考古勘探及发掘工作，仅配合城市建设对部分区域做过考古调查，且相关发现尚未形成报告公布，考古成果薄弱。

目前研究主要集中于靖江王世系沿革、总体格局和历史背景等方面，因无实证材料，对于建筑的确切位置、形制，王府兴建的园林建筑等问题推测成分较大。即使对现存基址的明代建筑形制讨论也是建立在推断和假设的基础之上。

目前已公布的较重要资料有：

朱荫龙：《靖江王考》，《朱荫龙诗文集》，广西师范大学出版社，2018年。

桂林文物考古队：《靖江王墓群资料汇编》，内部资料，1984年。

张益桂：《桂林王城，城中之城》，《文物天地》1985年第5期。

郑锡煌：《"静江府城图"说明》，《地理知识》1986年第9期。

薛向阳：《靖江王封藩初期若干问题的探讨》，《桂林文物》1988年第1期。

薛向阳：《明初靖江王封藩的特殊性》，《广西师范大学学报（哲学社会科学版）》1988年第4期。

覃树冠：《略谈靖江藩王与桂林文化》，《广西师范大学学报（哲学社会科学版）》1988年第4期。

漆招进：《靖江王国世系考》，《桂林文博》1992年第1期。

漆招进：《靖江王的地位》，《桂林文博》1992年第2期。

张子模：《明代藩封及靖江王史料萃编》，广西师范大学出版社，1994年。

漆招进：《明靖江王略传》，《桂林文博》1995年第2期。

漆招进：《靖江王府宗室》，《桂林文博》1995年第2期。

赵平：《明代靖藩后裔考》，《桂林文博》1995年第2期。

漆招进：《明靖江王的爵级》，《社会科学家》2000年第15卷第2期。

林哲：《明代王府形制与桂林靖江王府研究》，华南理工大学博士学位论文，2005年。

张伟：《明代靖江王研究》，陕西师范大学硕士学位论文，2006年。

林哲：《桂林靖江王府》，广西师范大学出版社，2009年。

周长山、漆招进：《图说靖江王城史》，广西师范大学出版社，2012年。

第二章　遗址勘探、发掘概况

为更好地展示桂林市的城市形象及提升转型桂林市的旅游业，体现城市浓厚的历史文化气息，桂林市人民政府拟对位于桂林市靖江王府正阳门前的正阳东巷历史文化地段进行保护修缮整治工作。该项目以保护性建设为原则，拟以修缮改造为主、拆除改建为辅的方式实施。根据项目规划，改造修缮将保留西巷城墙的传统居住用地功能，延续传统历史街巷住商混合的用地方式；保留整治东巷城墙侧的历史建筑和传统建筑风貌，疏解人口，用地性质调整为商业和文化展览用地。2013年8月1日，正阳路东巷改造工程正式启动。根据《中华人民共和国文物保护法》第十七条的相关规定，需对该项目建设用地进行抢救性考古勘探、发掘。受广西壮族自治区文物局委托，2013年8月下旬，广西文物保护与考古研究所会同桂林市文物保护与考古研究中心、桂林市靖江王陵文物管理处等单位的专业人员进场实施考古勘探、发掘工作。

整个发掘可分为两个阶段进行，第一阶段自2013年8月下旬至9月下旬，历时1个月。此次勘探、发掘考古工地的编号为"2013GGD"，表示2013年广西（G）桂林（G）东巷（D）。共开3条探沟试掘，编号为G1~G3，原计划每条探沟布设长5、宽3米，实际发掘中受客观因素影响，G1尺寸有变化，试掘总面积约54.5平方米。

第二阶段自2013年10月30日至11月30日，历时1个月。在第一阶段试掘后，原计划是根据发现的遗迹现象进行细致的考古发掘，但是建设方不顾文物部门劝阻，趁着晚上强行施工，导致部分建筑基址暴露出来。综合勘探和其他遗迹暴露情况，在遗迹现象较多的区域布两个10米×10米的探方进行考古发掘，编号分别为T1、T2，发掘面积200平方米。

在最初的勘探过程中，大致发现靖江王府宗祠的范围，包括宗祠的大殿、配殿局部、外围墙、内围墙、前殿大门、道路、排水设施等建筑遗存。但是，由于建设单位工期紧迫，建设单位不顾考古工地值守人员的劝阻，利用夜晚强行进场，使用大型挖掘机械对考古遗迹进行野蛮的破坏性施工，造成靖江王府宗祠的东面围墙及北面围墙破坏，包括外围墙、内围墙、道路、排水设施等建筑遗存被完全破坏，西面围墙北部也因挖掘机铺路而被填埋碾压，王府宗祠须弥座台基的北部被挖成断崖。在考古队员与广西壮族自治区文物局、地方文物保护行政部门的干预下，基建施工暂时停止，考古清理工作得以继续。此次清理发现了明代大型官式建筑的地下基础，以及大量的与靖江王府、王陵地上建筑相同的琉璃构件、青砖等建筑构件，表明此处存在一处明代大型官式建筑，结合史料对靖江王府的记载，可以判断此处为明代靖江王府的宗祠所在地。

参加本次发掘的人员有广西文物保护与考古研究所韦革，桂林市文物保护与考古研究中心周有光、贺战武、苏勇、陈远非、张宗亚,桂林市靖江王陵文物管理处张阳江、阳灵、官春燕,广西师范大学历史文化与旅游学院硕士研究生秦婕、张玉艳,四川大学历史文化学院硕士研究生邹颖等同仁和实习学生。

该发现对于了解广西、桂林的明清历史意义重大,引起了很大的反响。最终获得广西壮族自治区文物局及桂林市人民政府的支持,对明代宗祠遗址进行了原址保护,现在已成为桂林市历史文化街区——东西巷里一道靓丽的风景,也成为城市旅游与文物保护相结合,共同促进社会经济发展的一个范例。

第三章 探沟、探方

桂林东巷在进行保护修缮整治工作之前为一处商铺林立、居住密集、巷道纵横的清代至民国时期的民居建筑群，修缮整治工作开始后除了保留少数具有历史、建筑价值的古建筑外，其余的民居则进行拆除并清表，基本上原有的地面都被往下清理至1米深左右，因而东巷遗址的现代地层及清代晚期的地层基本已被破坏。我们经过勘探发现，东巷遗址除了靠近正阳门处尚保留有一些明代至唐代各个历史时期地层堆积外，其他区域有明代建筑分布的地方，明代建筑活动面以下的地层已被明代建筑的地基破坏。现将此次勘探的3条探沟及发掘的2个探方的地层堆积情况介绍如下。

第一节 探 沟

为了弄清楚地下文化堆积情况，我们在考古勘探计划中拟采取考古钻探及探沟试掘两种方法进行考古勘探工作，但由于勘探区域现场堆满拆迁后的建筑废料，无法使用探铲，我们拟选取总面积100平方米左右的区域进行探沟试掘工作，并同时做好图纸、照相、摄像、档案等资料记录工作。在实际工作中，我们拟布置6条探沟，由于施工区域大型机械作业限制、房屋尚未拆迁、工程时间紧迫等因素制约，只能对其中3条探沟试掘，编号为2013GGDG1～2013GGDG3（以下省略"2013GG"），每条探沟长约5、宽约3米，试掘总面积约54.5平方米（图三）。虽然未能按照原计划对使用土地进行全面勘探，但是G1～G3发现的地层堆积也基本能反映遗址的堆积情况。

一、G1

1. 位置和面积

G1位于东巷34号南约25米，西距正阳路路沿约30米。开始布设的面积为3米×5米，但因为H1的坍塌，最后的勘探面积变成3.8米×6.45米，勘探深度为3.3米。探沟深度超过1.2米后，不断有地下水渗出，地层和遗迹现象受到严重影响。

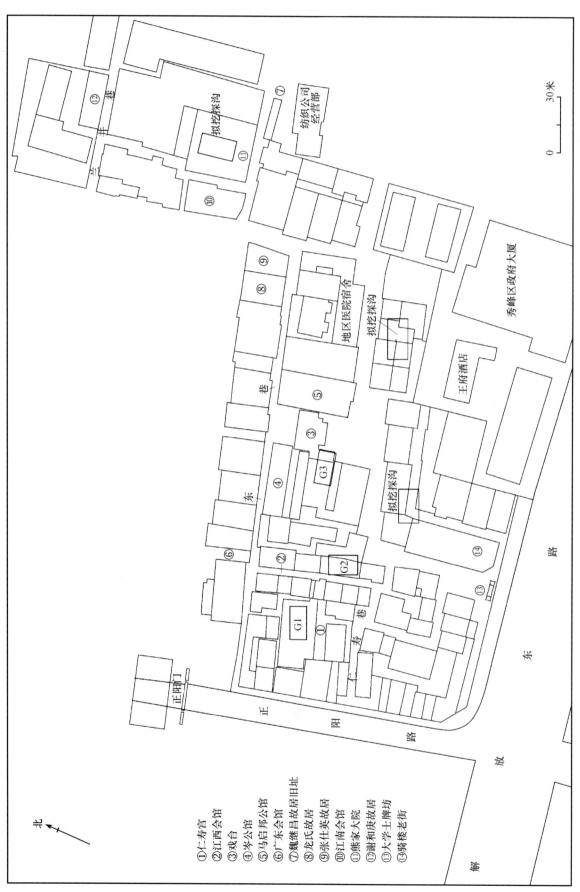

北

① 仁寿宫
② 江西会馆
③ 戏台
④ 岑公馆
⑤ 马启邦公馆
⑥ 广东会馆
⑦ 魏继昌故居旧址
⑧ 龙氏故居
⑨ 张仕英故居
⑩ 江南会馆
⑪ 熊家大院
⑫ 谢利庚故居
⑬ 大学士牌坊
⑭ 骑楼老街

图三　探沟分布图

2. 地层堆积

G1地层总深度330厘米，可分12层。介绍如下。

第1层：表土层，灰色土。厚0～35厘米。在探沟绝大部分区域有分布，局部因仁寿宫遗址凸起的门槛石而无存。含现代瓷片、砖瓦、少量石灰颗粒、青花瓷小杯、青花瓷小碗、陶罐、陶钵残片。为现代堆积层（图版二，1）。

第2层：层面为小砾石和三合土地面。厚20～30厘米。在探沟绝大部分区域分布。含较多青砖、青花瓷残片、青瓦碎片，砖较薄，尺寸较小。结合东巷历史，该层应为仁寿宫的基础填充层（图版二，2）。

第3层：土色灰色或灰黄色，层面以西南的象眼石加青砖铺地为地面。厚0～31厘米。在探沟大部分区域分布。含较多青砖、青花瓷、陶罐残片、青瓦残件、三合土、明代大砖断块、琉璃瓦残件，大部分的砖较薄，尺寸较小。为清早期地面及清早期的文化堆积层（图版二，3）。

第4层：土色褐色或灰黄夹白色。厚0～25厘米。在探沟东侧大部分区域分布。含大量琉璃瓦残件、石灰颗粒、厚的青砖断块、青花瓷。该层为明代废弃倒塌至清代的扰乱层。

第5层：土色青灰色。厚0～24厘米。在探沟大部分区域分布。内含大量灰瓦残件、少量石灰颗粒、较多厚的青砖断块、较多青花瓷片。该层同为明代废弃倒塌至清代早期的扰乱层。

第6层：该层为较纯净的灰黄色土层，土质较硬，层面为浅薄的小砾石铺地。厚18～25厘米。在探沟大部分区域分布。含较多的青瓦残片、薄的青砖断块、少量青瓷残片，不见青花瓷片。该层疑为明代宗庙外地面的上层填充层，层面为明代早期活动地面（图版二，4）。

第7层：该层同为灰黄色土层，局部范围或层位为纯净的黄色土，土质较硬。厚18～25厘米。在探沟内大面积分布。含较多的青瓦残片、薄的青砖断块、少量青瓷残片、一片钧窑瓷片，不见青花瓷片。探沟的东北部第6层下还局部存留有一层厚5～8厘米的石灰胶结面。该层疑为明代宗庙外地面的下层填充层。该层下铺有厚3～5厘米的风化碎石，碎石层分布于G1内绝大部分区域（图版二，5、6）。

第8层：风化碎石层，土色青灰色。厚30～36厘米。在探沟内大面积分布。内含大量的碎瓦、各式薄的青砖断块、青白瓷残片（含玉璧底青瓷碗底）、陶罐残片、数片青花瓷残片。为宋元时期文化层（图版三，1）。

第9层：灰黄土或黄色土。厚0～20厘米。在探沟大部分区域分布。含少量的青砖断块、绳纹筒瓦、布纹瓦、青瓷片、白瓷片和1枚开元通宝铜钱。为宋代文化层。

第10层：土质灰色，包含物较少。厚0～15厘米。在探沟局部分布，主要在西侧，第9层下在探沟约2/5区域发现较完整的砖铺地面，包括疑似唐代的联珠纹模印花砖残件。该层为宋代文化层（图版三，3）。

第11层：土色灰褐色，硬度适中。厚0～30厘米。层面含明显的红烧土块、黑色炭屑，出土物包含绳纹瓦、青瓷残片和较多的板瓦碎块及砖块等。第10层砖铺地面下还发现有砖层，结合探沟东壁5米外发现的拱券式水沟，推断该层为宋代最早时期的地层（图版三，4）。

第12层：土色灰褐或红褐色，硬度适中。厚0～35厘米。层面含明显的红烧土块、炭屑和较多的板瓦碎块及砖块等，另出土数块青瓷片（含细小开片）。为唐代文化层（图版三，5）。

第12层之下为生土（图版四，1）。

二、G2

1. 位置和面积

G2位于项目地块西部，北距正阳路东巷约20米，距靖江王府城墙约36米，西距正阳路路沿约40米。探沟呈南北向布设，面积为5米×3米，勘探深度3.5米。

2. 地层堆积

G2地层总深度350厘米，共分8层。分述如下。

第1层：主要为黄色三合土层，黄色中间杂白色，质地紧密，硬度较高，局部为混凝土层。厚2～5厘米。该层为现代房屋地面，无任何包含物。

第2层：该层为一层青砖，铺设平整。厚约5厘米。初步推测为清代房屋地面。

第3层：灰褐色土，质地疏松。厚10～25厘米。土中夹较多的青瓦片、黄色琉璃瓦片和少量青花瓷片。探沟中部铺设一道青条石。青条石北侧，左边有一个方形石柱础，右边有一块体量较大的方条石，中部凿刻有一圈凹槽。探沟西北角有一条形门槛石，上面有一个安插门扇转轴的圆形插孔。探沟东北角坑壁上也有一道青条石。这些条石初步推测为清代房屋基础。该层西北部被J1打破。

第4层：灰色土，质地松软。厚22～48厘米。夹杂较多石灰，包含物中有较多青瓦片和琉璃瓦片，另有少量砖块和河卵石，发现少量青花瓷片。探沟西南角发现用砖块围砌而成的方形建筑，边长约1米，中间填土质地紧密，硬度较高，有夯筑痕迹。探沟中部偏南处发现几块平铺的砖块，砖块东侧发现一青花碗底（残），上有"大清雍正年制"款识。初步推测该层为清代地层。该层西北部被J1打破。

第5层：黄色泛红土，土色较纯净，质地紧密，硬度较高，有夯压痕迹。厚0～45厘米。该层只在探沟南半部有分布。探沟北部为填土，厚50厘米，被J1打破。探沟西部南北向分布有宽约34厘米的一条带状土，土色为黄色或灰黄色，夹河卵石、砖块及琉璃瓦片，质地紧密，硬度较高，似经过夯筑，边上铺砌一层竖砖，砖外涂刷一层石灰层。初步推测该层为一夯土墙倒塌形成（图版四，2）。

第6层：厚约110厘米。该层由9个小层组成。最上面一层为砾石层，厚约10厘米。下面为4层灰色土层和4层青砖块层，灰色土层和青砖块层交错分布，1层灰色土层加1层青砖块层厚度约为25厘米，4层灰色土层加4层青砖块层厚约100厘米。灰土质地紧密，硬度较高，土层里夹杂大量青砖块及少量较细小的河卵石，还夹杂有少量黄土和石灰，石灰中夹杂着少量黄色和白色斑点。土层底部形成较密集的青砖块层，但这些砖块基本上都是残断的砖块，分布较为凌乱，排列并不规整。土层上表面十分平整，有明显夯压的痕迹。探沟北部及西南部局部有双层或三层砖块层，砖块宽大、厚实，长37、宽20、厚9厘米。第6层出土少量青瓷片、釉陶片及青瓦片。

第7层：厚约140厘米。该层由8个（局部4个）小层组成，4层灰色土层和4层青石块层（局部2层灰色土层和2层青石块层），灰色土层和青石块层交错分布，1层灰色土层加1层青石块层厚度约为35厘米，4层灰色土层加4层青石块层厚约140厘米。该层土质、土色及包含物均与第6层一致，土色仍为灰色，质地紧密，硬度较高，有夯压痕迹。与第6层相比，青砖块层变成了青石块层，土层里砖块含量减少，瓷片、陶片数量增多，有青瓷片、白瓷片和黄釉陶片，另外，还发现青灰色筒瓦、联珠纹圆形瓦当、联珠纹方形地砖等陶质建筑构件。

第6层、第7层土质、土色及包含物均一致，应为同一时代的地层。地层厚达250厘米，灰土层、砾石层、砖块层、石块层交错分布，规范有序，每层灰土层表面平整，厚度一致，层层夯压，如此做法，应为一大型官式建筑基址（图版四，3、4）。通过对土质、土色、包含物及地层叠压关系进行分析，初步判断该地层为明代地层。G2地处明代靖江王府南面，距离王府城墙仅30多米，据文献记载，此处正是明代靖江王府宗祠所在位置。综上所述，初步推测该层为明代靖江王府宗祠基址。

第8层：灰色土，泛黄，质地细密，硬度一般，质地和颜色均较为纯净，无杂质和杂色。厚约70厘米。包含物极少，仅发现青砖块1块，青瓦片、青瓷片及红色釉陶片数片。由于出土物极少，无法据此判断该地层的年代，但从地层叠压关系分析，该层应为唐宋或更早时期的地层（图版四，5）。

第8层之下为生土。

三、G3

1. 位置和面积

G3北距正阳路东巷约25米，西距正阳路路沿约65米。探沟呈东西向布设，面积为5米×3米，勘探深度3.5米。

2. 地层堆积

G3地层总深度350厘米，没坍塌之前可分6层。分述如下。

第1层：现代扰乱层，被现代建筑、清代建筑打破现象比较严重。现代建筑的料石基础局部打破第2~5层。厚20~30厘米。表面为房屋地面。

第2层：黑褐色土层。厚约25厘米。该层为抗日战争时期日军轰炸桂林后形成的倒塌层，该层底部叠压一层红烧土。

第3层：灰褐色土层，质地疏松。厚20~25厘米。夹杂较多的青瓦片、青花瓷片。第3层面上还保留有局部红烧土、青砖地面及青砖建筑墙基、条石、柱础等遗存，该青砖建筑与现在仍保存的清末时期岑毓英故居的墙基在一条直线上且所使用的柱础类型完全一样，据此判断该建筑仍为岑毓英故居的一部分。另外，发现开口于第3层下的青砖砌成的地窖J1、J2及H1。该层为清代初期至清代末期的地层（图版五，1）。

第4层：土色为灰黄色，土质较疏松。厚20~50厘米。大部分被晚期建筑基础及J1、J2、H1打破。包含较多琉璃瓦片、石灰灰浆碎片及少量青花瓷片、青瓷片。另外，发现开口于第4层下的H2。该层为清代早期明代建筑倒塌后形成的地层。

第5层：一层河卵石及黄色黏土夯筑而成的地面，土质紧密。厚约10厘米。不见包含物。该地面也分别存在于G1、G2，为明代的地面。

第6层：厚约250厘米。该层由6个小层组成，包括4层夯筑土层及其下面的2层毛片石层。每层夯筑土层厚度为30~50厘米，每层夯筑土层内包含物相同，夹大量的碎青砖、青瓦、陶瓷片，不见青花瓷片，但发现"圣宋通宝""皇宋通宝"各1枚，每层夯筑土层之间形成可以清晰剥离的面。毛片石层每层厚约30厘米，面上平整，片石交错分布、紧密排列，构筑方式与G2相同。毛片石层的缝隙泥土里夹杂少量的青瓷片（图版五，2）。

通过对6个小层出土遗物的观察，我们发现这些遗物皆早于明代，基本为宋代、唐代的遗物，据此推测，明代在兴建此大型官式建筑基址时，先是将当时的早期地层挖起，在最底部夯筑了2层毛片石层后，再利用挖起的早期地层的泥土逐层夯筑土层，因此形成现在的状况。

G3发掘至第6层内基础夯筑层的第2层毛片石面时，由于建设单位在G3东面附近挖坑蓄水灌浆及受台风雨的影响，造成探沟东面H1、H2渗水坍塌且探沟内积水严重，无法继续进行发掘及做好相关绘图工作。

第二节　探　　方

根据上述探沟发现的地层堆积情况，建设用地区域地层保存相对较好的就只有G1附近区域了，其他区域有的地层堆积已被靖江王府宗祠地基部分破坏，有的则是施工原因无法进行布方。本次发掘布设两个10米×10米的探方，编号分别为T1、T2（图四；图版五，3），其中T2根据实际情况就着原来试掘的G1布设，T1的北壁局部已被施工破坏。由于T1、T2的地表清理已至明代文化层以上约20厘米处，因而探方的近代至清代的文化层缺失。虽然探方里各种叠压打破等现象频繁，但仍比较清晰地发现了明代至唐代的地层堆积。

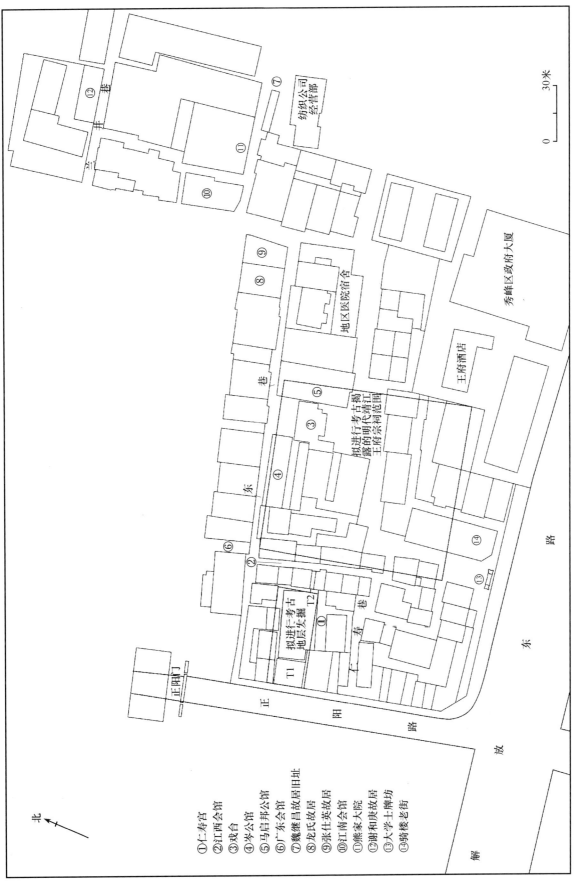

①仁寿宫
②江西会馆
③戏台
④岑公馆
⑤马后邦公馆
⑥广东会馆
⑦魏氏故居旧址
⑧龙氏故居
⑨张仕英故居
⑩江南会馆
⑪熊家大院
⑫谢和庚故居
⑬大学士牌坊
⑭骑楼老街

图四　考古发掘位置示意图

一、T1

1. 位置和面积

T1北距南城墙近50米，西与正阳路中心线相距约40米，南隔解放东路与王城商厦相对。东面的T2紧邻岑春煊故居。面积10米×10米，方向为北偏东13°。

2. 地层堆积

第1层：因地表已被建设方用钩机清理至距地表约1.5米以下，故非原有之表土。该层土以黑褐色黏土为主，夹杂少量白石灰，土质疏松。厚7~20厘米。探方内整层分布。包含少许碎砖、瓦片等建筑构件，较多晚期的水池、灰坑、厕所等打破该层。该层为明代文化层。

第2层：土色灰黄，质地较硬。厚8~20厘米。主要分布于探方东侧。包含大量白色碎石，应为填垫层。该层面上发现一条南北向、一条东西向的灰白色条石砌成的路沿石，南北向路沿石贯穿南北，东西向路沿石局部存在于探方东侧，虽未连接但东西向路沿石垂直于南北向路沿石，中间还残存有两条类似排水沟的条石，东北部条石下面叠压的是一层小砖墁铺的路面。探方东侧发现两处被第1层打破的方形磉墩的面，两处磉墩还有部分在东隔梁内。据此推断该层为明代活动面下的填垫层。

第3层：元代墁砖路面。厚11~26厘米。主要分布于探方中部往北区域。

第4层：灰褐色土。厚13~19厘米。探方内整层分布，夹杂少量瓷片。该层为元代墁砖路面下的填垫层。

第5层：红黄色黏土。厚16~34厘米。在探方大部分区域分布。内含大量的碎瓦、各式薄的青砖断块、青白瓷残片。为宋代晚期地层。

第6层：黄褐色土。厚20~36厘米。在探方大部分区域分布。含少量的青砖断块、绳纹筒瓦、布纹瓦、青瓷片，少量白瓷片。四个磉墩开口于该层面上（图五）。该层为宋代地层。

第7层：红褐色土，土质较硬。厚16~44厘米。主要分布在探方的北部。层面含明显的红烧土块、黑色炭屑，出土物包含绳纹瓦、青瓷残片和较多的板瓦碎块及砖块等。该层为宋代早期地层。

第8层：红烧土层。厚5~15厘米。由于被灰坑及磉墩打破严重，仅在探方的西南部发现局部堆积。该层应为唐代地层的活动面。

第9层：灰黑色黏土，土质较疏松。厚16~83厘米。包含明显的红烧土块、炭屑和较多的板瓦碎块及砖块、少量青瓷片。该层为唐代文化层。

第9层以下为生土（图六~图九；图版五，4；图版六）。

生土在探方中部、东北角和东南角被几个灰坑打破，这些灰坑上面是一层厚的膏泥层，底部则为大量的碎瓦，中部最大的灰坑H14开口长7.52、最宽3.93、最深1.31米，据此推测唐代曾在此淘泥沉淀烧制瓦件。

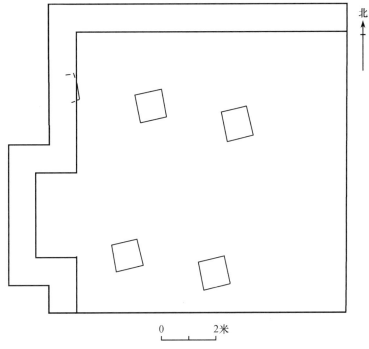

图五　T1磉墩平面图

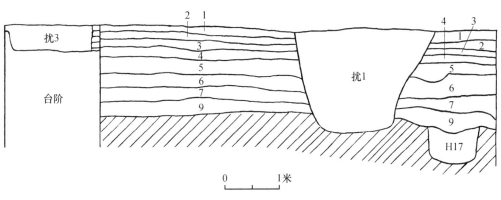

图六　T1北壁剖面图

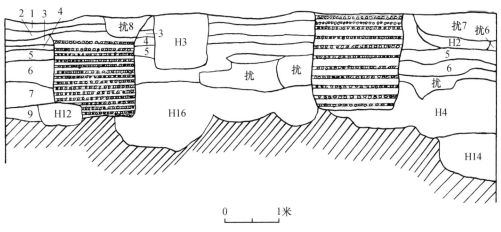

图七　T1东壁剖面图

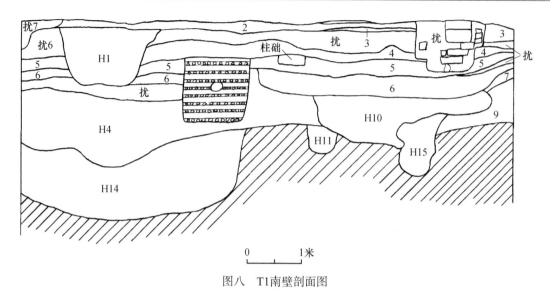

图八　T1南壁剖面图

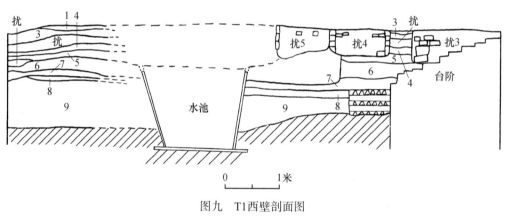

图九　T1西壁剖面图

二、T2

1. 位置和面积

T2西面紧邻T1，东面即岑府家庙。面积10米×10米，方向为北偏东13°。

2. 地层堆积

第1层：因地表已被建设方用钩机清理至距地表约1.5米以下，故非原有之表土。该层土以黑褐色黏土为主，夹杂少量白石灰，土质疏松。厚10~20厘米。探方内整层分布。包含少许碎砖、瓦片等。该层为明代文化层。

第2层：土色灰黄，质地较硬。厚7~22厘米。探方内除西部外其余均有分布。包含明代碎瓦、瓦当、滴水等建筑构件。探方东北角第1层下局部分布有一石灰层，厚约5厘米。探方西部第1层下南北向分布有一条墁砖面及一条条石砌筑的路沿石。在这层面上，探方北隔梁处还发现一块方形石柱础。T2的这些遗存与T1的遗存部分相连接，该层为明代活动面，土层主要为填垫层。

第3层：探方西北部为与T1的遗存部分相连接的元代墁砖路面，其他区域元代墁砖路面已被破坏，仅余灰色石渣层。厚约10厘米。

第4层：黑褐色黏土层。厚13～19厘米。探方内整层分布，夹杂少量瓷片。该层为元代墁砖路面下的填垫层。

第5层：红黄色土。厚18～40厘米。分布于探方东半部。被灰坑、磉墩打破比较严重，内含大量的碎瓦、各式薄的青砖断块、青白瓷残片。为宋代晚期地层。

第6层：黄褐色土。厚20～36厘米。在探方大部分区域分布，含少量的青砖断块、绳纹筒瓦、布纹瓦、青瓷片、少量白瓷片。该层面上发现三个磉墩，探方北隔梁中部第5层下还发现一块方形柱础石，上宽40、下宽45、厚35厘米。另外，发现一条开口于第5层下南北走向的排水沟及局部断砖块铺的地面，排水沟底部打破第6～8层，位于第9层面上，为砖砌而成，砖块含较多断砖，排水沟残长5.8、宽0.42、深0.56米。据此判断，该层面上为宋代活动面，该地层为宋代的填垫层。

第7层：红褐色土，土质较硬。厚16～44厘米。主要分布在探方的北部。层面含明显的红烧土块、黑色炭屑，出土物包含绳纹瓦、青瓷残片和较多的板瓦碎块及砖块等。在探方东部的中间位置发现一条开口于第6层下残存的青砖砌筑的排水沟，东西走向，东部在T2的东隔梁内继续往东延伸，残长约1、宽1.1、露明部分高1.2米。排水沟的底部打破生土，东部被上面叠压的磉墩打破，西部则叠压在第6层断砖块铺的地面下，据此判断该排水沟为宋代早期建筑的排水设施。第7层则为宋代早期地层。

第8层：红烧土层。厚5～15厘米。由于被灰坑及磉墩打破严重，仅在探方东北角发现局部堆积。该层应为唐代地层的活动面。

第9层：灰黑色黏土，土质较疏松。厚15～30厘米。土层里包含明显的红烧土块、炭屑和较多的板瓦碎块及砖块、少量青瓷片。该层为唐代文化层。

第9层以下为生土。

T2生土的东南角、西南角都被灰坑打破，西南角灰坑则与T1东南角的灰坑相连，这些灰坑堆积情况与T1的情况相似，上面是一层厚的膏泥层，底部则为大量的碎瓦，据此推测此处也是唐代洗泥沉淀烧制瓦件的场所。

第四章 重要遗迹

　　桂林东巷的考古勘探发掘工作从一开始就是在和工程进度抢时间抢地盘。考古人员进场的时候，施工方的大型机械已完成清表并进行了土方挖掘工作，很多遗迹现象就是在大型机械作业时发现，由于突然发现这些灰坑、地窖、墙基等，只能进行抢救性考古发掘，当时都是临时登记，因而标签记录有些凌乱，如WJ表示碗窖藏，其他的G1R1（沟1扰坑1）、XJ（西面窖藏）、DM（东面埋藏）、DH5（东面灰坑5）、CQ（城墙）等分别标明采集地点。

第一节 G1发现的灰坑和磉墩

　　从3处探沟的发掘情况来看，只有G1各个时期的地层一直延续下来，其余G2、G3早于明代的原生地层已被靖江王府宗祠的地基破坏。以下介绍G1发现的重要灰坑和磉墩。

　　H2位于G1北侧，开口于第5层下。大致呈椭圆形，仅清理大部分，小部分仍在探沟北部土层内，长约1.8、宽1.1、最深0.85米。堆积大量琉璃瓦残片、龙纹瓦当、素面花卉纹瓦当、吻兽尾残片。

　　H4位于G1西南，开口于第4层下。近圆形，清理部分直径约0.25米。填土土色灰黑色，含大量碎砖瓦、少量的青花瓷片。

　　H5位于G1北部及东北部，开口于第6层下。呈长方形，东部尚未完全揭露，长4.1、最宽1.74、最深0.78米。内有大量的碎砖块、琉璃瓦件、素烧的花卉纹瓦当等。底部为一层厚约2厘米的较平整的石灰沉淀层，应为砖瓦上的石灰被地下水浸泡后沉淀形成。该层发现局部的白灰胶结面，石灰地面长1.85、最宽处0.36米，厚4~8厘米（图一〇）。

　　H6位于G1南侧中部，开口于第6层下。暴露部分呈半圆形，长1.35、宽0.5、深0.35米。含大量青砖碎块、红黄色的板瓦残片、少量的石灰颗粒。

　　S1（磉墩1）位于G1北侧中部近探沟壁处，开口于第8层下、第9层面上，底部打破生土。近方形，边长0.95、最深处0.95米。一层黄土、一层灰土相间填充，从上到下共有10余层，每层厚8~11厘米。出土灰黑色的陶片和器底满釉的青瓷片（图版三，2）。

　　S2（磉墩2）位于G1东侧中部探沟壁上，开口于第8层下、第9层面上，底部打破生土。近方形，边长约0.95、最深处1.21米。由黄土、砾石层相间填充而成，从上到下共20层，每层厚5~6.5厘米（图版三，6）。

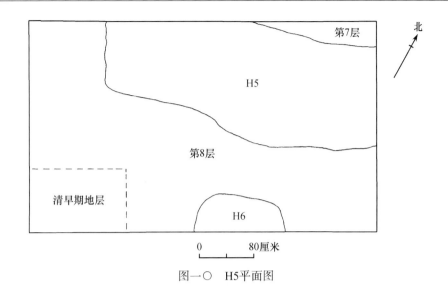

图一〇　H5平面图

H7分布于G1东侧大部区域，开口于第9层下。呈长方形，最长2.3、宽1.65、深0.65米。填土灰中带黄，内含石灰渣以及大量布纹瓦、大量水波纹瓦当、少量素面筒瓦、少量白瓷片、个别影青瓷片。

第二节　明代靖江王府宗祠遗址

靖江王府宗祠遗址是在大型机械清表后发现了部分遗迹，我们据此进行抢救性发掘清理，由于最初并未掌握其分布范围及布局，而且场地内大型机械施工及车辆运输渣土，故无法布设探方，只能顺着发现的遗迹寻找，最后大致弄清楚靖江王府宗祠遗址中部、北部的布局情况，南部已被施工及原来地表的建筑破坏。

明代靖江王府宗祠平面大致呈"回"字形，外面一圈由门楼、外围墙组成，里面一圈由前殿、左右配殿、大殿及内围墙组成。内外围墙之间有道路连通，在外围墙的西南角开有一门与宗祠西面的院落相通。宗祠东西宽61米，南面由于被现代地基打破，分布情况不明，但我们在西南面清理通往宗祠西面院落的门道时发现了围墙转角，此时外围墙的南北长度已超过61米，加上前面的门楼，估计长度比宽度要大，宗祠平面应为长方形（图一一）。

外围墙以5层青砖作为基础，基础宽1.75、高约0.45米，所用的砖比较杂，有整砖、地砖、断砖等，墙体露明部分未进行收分，墙体外部先批一层白色灰浆，然后再在其上批一层红色灰浆，形成红墙。由于墙体已基本坍塌，墙高不明，但根据我们在外围墙东北角清理时的发现，墙体上部应该为屋脊式墙帽，因为在墙体内侧约10厘米处建有排水沟，当是为保护墙体而承接墙帽滴水而建，围墙转角处墙体内部预留有排水沟将水排往外面，排水沟两头还用砖间隔形成砖篦子。

内围墙宽度约1米，也是青砖砌筑，受破坏较严重，仅存局部，内围墙与左右配殿及前殿的墙体中部相接，内外围墙之间有一青砖铺砌的道路，道路紧贴着内围墙。内围墙墙体上部应该为屋脊式墙帽，因为墙体下部建有排水沟与外围墙的排水沟相通。现仅存明代靖江王府宗祠大殿的局部须弥座台基，台基之上被清代晚期的岑春煊故居的基础部分覆压，因而台基之上的建筑情况不明，而岑春煊故居又于1944年抗日战争桂林保卫战日军轰炸桂林时被毁。大殿的须弥座台基与现仍保存的靖江王府承运殿台基砌法相仿，但从目前发现来看应只有一层台基（图一二；图版七、图版八）。

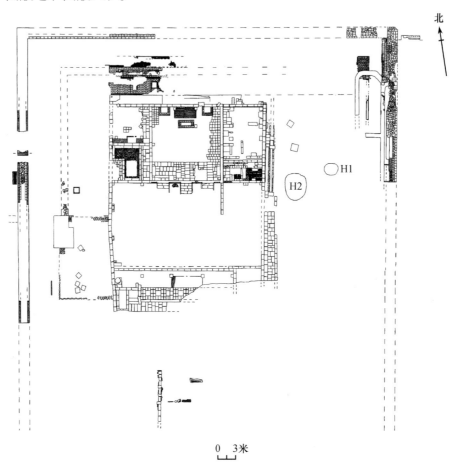

图一一　靖江王府宗祠遗址测绘图

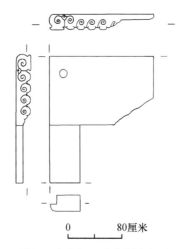

图一二　靖江王府宗祠西北角须弥座平、剖面图

第三节　明代靖江王府宗祠地基

靖江王府宗祠围墙范围内的地下基础极为坚实。它的做法是先将建设范围内的地下部分挖至生土，然后在底部铺砌毛片石，毛片石一般铺两层，中间为厚约30厘米的夯土层，夯土层里夹杂碎砖、瓦及瓷片等，为挖地基时翻起来的泥土回填，因而里面夹杂有唐宋时期的遗物。个别地方可能由于原来的生土不平，甚至铺砌六层毛片石层。毛片石层上又为六层夯土层，最下面的五层层面用碎青砖夯平，最上面一层则用小河卵石夯平。这么严谨的构筑方式，体现了明代王府建筑的高等级和高要求（图版九）。

第四节　元 代 路 面

分布于T1北侧及T2西北侧的区域，开口于第2层下、第3层面上，其上部还叠压有明代的条石墙基。路由条砖铺砌，小条青砖（5厘米×5厘米×20厘米）铺砌路面，大条青砖（28厘米×15厘米×6厘米）铺砌路沿，路面已被后期扰坑破坏部分残损，东西残宽7.06、南北残长4.67米。东侧部分从残存的迹象看连接房屋（图一三；图版一〇，1）。

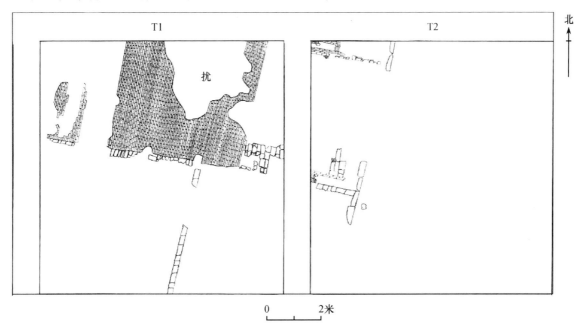

图一三　元代墁砖路面平面图

第五节　宋代水沟及水槽

T2分别发现宋代两个时期的排水沟，且相互叠压。其中晚期建筑的排水沟开口于第5层下，底部打破第6~8层，位于第9层面上，南北走向，为砖砌而成，砖块含较多断砖，残长5.8、宽0.42、深0.56米（图版一〇，2）。早期建筑的排水沟残存部分位于探方东面，并穿过探方东壁暴露于建设方挖掘的基坑断壁上，早期建筑的面已被扰坑破坏，从探方剖面观察，排水沟东部上部已被磉墩打破，西部上部则叠压有晚期建筑的墁砖地面，其开口于第6层下，底部打破生土，东西走向，为青砖砌筑而成，砖块规整，做工讲究，拱券叠砌形成排水涵洞，残长超过5米，宽0.65、最高0.78米，从规模及工艺水平来看，当是桂林宋代早期官方修建的主要的城内排水管网设施（图版一〇，3、4）。

另外，在T1西壁发现一大型石质水槽，保存较为完整，该水槽开口于第5层下，底部打破生土。口大底小，呈倒梯形，榫卯结构，由数块大的青石板围合而成，灰浆填缝。残高1.46、上宽1.85、下宽1.23米。石质水槽为桂北地区常见的储水工具，但该石质水槽形制较高、宽大，做工精良，当为官府使用的器物。从开口位置来看，其应该不是宋代晚期使用的，应是宋代早期使用的器物（图版一一，1~3）。

第六节　岑毓英故居遗址（局部）

东巷9号院，曾经"五开间、三进深、高二层"的深宅大院，就是晚清至民国时期"一门三总督"的岑毓英故居，1873年始建，包括有家庙、塾馆等，清称"宫保第"，民国称"岑公馆"（图版一一，4）。岑毓英故居直接建在明代靖江王府的宗祠之上，地基部分还沿用靖江王府宗祠大殿的地基。从现存的地基来看，岑毓英故居面阔26.7、进深13.1米，门前三出垂带踏跺式台阶（图版一二，1、2）。

第七节　民国时期瓷器灰坑

在靖江王府宗祠的东侧发现2处灰坑（H1、H2），从H1、H2的清理情况来看，灰坑里存放未曾使用的瓷器。其中H1的瓷器以民国釉上彩瓷器及白瓷居多，由于当时是钩机清表除障时发现大量的瓷器堆积，直接就进行了抢救性清理，直到钩机清表又发现H2后才补回H1的编号，但器物标签未改；H2以民国时期仿古青花瓷居多。结合历史事件来看，1944年抗日战争桂林保卫战期间，日军曾经多次轰炸桂林城，桂林沦陷后满城残垣断壁，我们据此推测此处原是一间瓷器商铺，桂林保卫战期间遭到毁坏后形成了灰坑堆积（图版一二，3、4；图版一三）。

第五章　出土遗物

　　此次发掘搜集的遗物除了少量为探沟、探方发掘的地层出土遗物外，其余绝大部分为钩机清理地表或进行挖掘时发现的采集品，且大多为晚清至民国时期的陶瓷器。

　　此次发掘出土所见的遗物主要有铜钱、金属器、陶器、瓷器、石器等。金属器主要为铜生活用具和少量铁质生产用具、生活用器。陶器可分为建筑构件和日用陶器。瓷器数量最多，种类最为丰富，以青花瓷最为多见。石器主要以大型明代靖江王府宗祠石构件为主，其他石质文物极少，为建筑构件、砚台。以下按类别逐一介绍。

第一节　铜　　钱

　　出土铜钱以宋代铜钱为主，唐代、明代、清代的较少。相当一部分锈蚀残缺不能辨认，能辨识文字的铜钱共37枚，介绍如下。

　　开元通宝　2枚。钱文楷书。T2G1：9，直读，钱背光而无文，基本完整。直径2.5厘米（图一四，1）。

　　祥符元宝　3枚。钱文楷书。T2：13，旋读，钱背光而无文，宽缘，完整。直径2.5厘米（图一四，2）。

　　天圣元宝　1枚。钱文楷书。T2：14，旋读，钱背光而无文，缘稍宽，完整。直径2.6厘米（图一四，3）。

　　景祐元宝　1枚。钱文楷书。T2G1·12，旋读，钱背光而无文，残。直径2.7厘米（图一四，4）。

　　皇宋通宝　3枚。G3③：4，钱文楷书，直读，钱文秀丽，钱背光而无文，完整。直径2.5厘米（图一四，5）。G3③：5，钱文隶书，直读，钱背光而无文，完整。直径2.4厘米（图一四，6）。

　　熙宁元宝　2枚。T2⑤：16，钱文楷书，旋读，钱背光而无文，完整。直径2.4厘米（图一四，7）。T2G1：7，钱文篆书，旋读，钱背光而无文，完整。直径2.45厘米（图一四，8）。

　　元丰通宝　2枚。钱文篆书。T2G1：6，旋读，钱背光而无文，宽缘，完整。直径3厘米（图一四，9）。

　　元祐通宝　4枚。钱文篆书。T2⑤：14，旋读，钱背光而无文，窄缘，完整。直径2.4厘米（图一四，10）。T2G1：5，旋读，钱背光而无文，宽缘，完整。直径2.4厘米（图一四，11）。

绍圣元宝　1枚。钱文篆书。T2⑤：15，旋读，钱背光而无文，完整。直径2.4厘米（图一四，12）。

元符通宝　2枚。钱文篆书。T2：16，旋读，钱背光而无文，完整。直径2.4厘米（图一四，13）。

大观通宝　2枚。钱文楷书。T1：11，面文为徽宗御题钱文"瘦金体"，直读，钱背光而无文，完整。直径2.4厘米（图一四，14）。

政和通宝　1枚。钱文楷书。T2G1：11，直读，钱背光而无文，完整。直径2.8厘米（图一四，15）。

宣和通宝　5枚。钱文篆书，2枚。T1：10，直读，钱背光而无文，完整。直径2.45厘米（图一四，16）。钱文隶书，3枚。T2G1：8，直读，钱背光而无文，完整。直径2.7厘米

0 　　　2厘米

图一四　铜钱

1. 开元通宝（T2G1：9）　2. 祥符元宝（T2：13）　3. 天圣元宝（T2：14）　4. 景祐元宝（T2：12）　5、6. 皇宋通宝（G3③：4、G3③：5）　7、8. 熙宁元宝（T2⑤：16、T2G1：7）　9. 元丰通宝（T2G1：6）　10、11. 元祐通宝（T2⑤：14、T2G1：5）　12. 绍圣元宝（T2⑤：15）　13. 元符通宝（T2：16）　14. 大观通宝（T1：11）　15. 政和通宝（T2G1：11）　16. 宣和通宝（T1：10）

（图一五，1）。

大宋元宝　1枚。钱文楷书。T2：15，旋读，钱背光而无文，宽缘，基本完整。直径3厘米（图一五，2）。

洪武通宝　1枚。钱文楷书。T2H12：2，直读，钱背光而无文，完整。直径2.3厘米（图一五，3）。

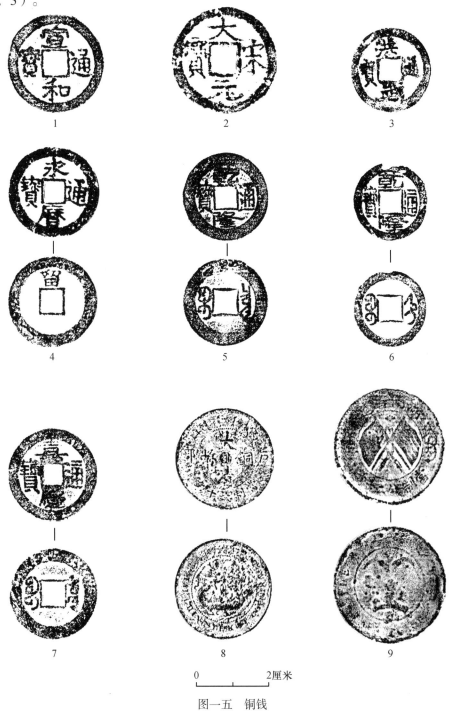

0　　　　　2厘米

图一五　铜钱

1.宣和通宝（T2G1：8）　2.大宋元宝（T2：15）　3.洪武通宝（T2H12：2）　4.永历通宝（WJ：2）　5、6.乾隆通宝
（T2G1：4、T2：12）　7.嘉庆通宝（采集：22）　8.大清铜币（T2：17）　9.民国双旗币（T2：18）

永历通宝　1枚。钱文楷书。WJ：2，直读，繁体"历"字内写成双禾一日，钱背面文为"留"，完整。直径2.5厘米（图一五，4）。

乾隆通宝　2枚。钱文楷书。T2G1：4，直读，钱背为满文，微残。直径2.4厘米（图一五，5）。T2：12，直读，钱背为满文，完整。直径2.1厘米（图一五，6）。

嘉庆通宝　1枚。钱文楷书。采集：22，直读，钱背为满文，完整。直径2.5厘米（图一五，7）。

大清铜币　1枚。钱文楷书。T2：17，锈蚀严重，面文（户部丙午大清铜币中心"鄂"十文），钱背可辨龙纹，基本完整。直径2.8厘米（图一五，8）。

民国双旗币　1枚。钱文楷书。T2：18，锈蚀严重，正面是交叉旗，上面书写"湖南省造"，下面书写"当制钱二十文"，钱背可辨有嘉禾图及英文，基本完整。直径3.2厘米（图一五，9）。

第二节　金　属　器

一、铜　　器

5件。

铜锁　1件。残。采集：168，表面锈蚀，仅余锁身。长9、宽3.3厘米（图版一四，1）。

铜蚊帐钩　1件。基本完整。采集：162，可分为钩身和钩头两部分，钩身略呈梯形，如意纹顶部正中打孔，其下錾刻六个圆圈，呈"十"字形。钩头弯曲呈"U"字形，通体锈蚀严重。长14.6、宽5.6厘米（图一六，1；图版一四，2）。

铜器足　1件。残。采集：163，略呈"S"字形，表面黝黑，夹杂绿色铜锈。长8.6、宽1.9厘米（图版一四，3）。

铜香匙　1件。残。采集：170，由匙柄和匙两部分组成，匙柄柱状，残断，匙面呈葫芦形，镂梅花状五孔。长7.5、宽1.8厘米（图版一四，4）。

铜壶　1件。残。G1⑥：1，盖、把已无存。圆唇，直颈，鼓腹，长流，平足。肩部饰弦纹一周。残宽14、高13厘米（图一六，5；图版一四，5）。

二、铁　　器

5件。

铁权　1件。基本完整。采集：102，可分为权系与权身两部分，权身束腰，略呈葫芦形。直径3.6、高5厘米（图一六，2；图版一四，6）。

铁片　2件。残。采集：171，表面锈蚀严重。残长28.9厘米，两头分别宽2、1.2厘米。采集：172，表面锈蚀严重。残长21厘米，两头分别宽1.6、0.9厘米（图版一五，1）。

铁釜 1件。残。采集：173，锈蚀严重，仅余数片残块。最大一片宽6、高5、厚0.5厘米（图版一五，2）。

铁杖首 1件。基本完整。采集：104，表面锈蚀严重。扁球形，中有一孔，孔壁残存少许杖身。直径4.5、孔径2、高2.9厘米（图一六，3；图版一五，3）。

第三节　石质文物

一、大型石构件

21件。

本次东巷考古工地出土的石质文物主要为大型建筑构件，包括条石、柱础、象眼石等，这些基本都是明代靖江王府宗祠所用的建筑材料，因形体较大且沉重，故在发掘接近尾声时已集中移交桂林市秀峰区人民政府保管（表一；图版七，2、3）。

表一　桂林东巷考古工地移交桂林市秀峰区人民政府的石质文物清单

序号	编号（G：构件；Z：柱础）	时代	长/厘米	宽/厘米	厚/厘米	备注
1	G01-1	明	174	22 ~ 88	39	两编号为同一象眼石的残块
2	G01-2	明	50	13 ~ 22	38.5	
3	G02	明	255	61 ~ 77	29	基本完整
4	G03	明	81	78	17 ~ 22	残
5	G04	明	20 ~ 52	47	22	残
6	Z01	明	70.5	70	38	完整
7	Z02	明	70.5	70	29 ~ 32	完整
8	Z03	明	70.5	71	38	完整
9	Z04	明	70.5	71.5	25 ~ 32	完整
10	Z05	明	71	71.5	43	基本完整
11	Z06	明	102.5	101	53	完整
12	Z07	明	71	70.5	32	完整
13	Z08	明	102.5	99	57	完整
14	Z09	明	86.5	84	50	完整
15	Z10-1	明	82	51 ~ 57	35	两编号为同一莲花柱础的残块
16	Z10-2	明	82	8 ~ 25	35	
17	Z11	明	79	72	45	完整
18	Z12	明	70	69	30	基本完整
19	G05	明	132	92	32	基本完整
20	G06	明	192	40 ~ 79	34	基本完整
21	G07	明	41	29	30 ~ 45	完整

二、小型石构件

2件。

塔形构件　1件。残。G3③：1，砂岩质。雕刻成自下而上叠涩四层。底层边长13.5、宽10、高8.5厘米（图版一五，5）。

勾栏柱头　1件。略残。T2采集：10，青石质。顶面雕刻一周凹槽，中心呈正方形平台。边长16、高10.5厘米（图一六，6；图版一五，6）。

三、其　　他

1件。

石砚台　1件。残。G1H5：8，整体呈八角形，一面略残。砚堂圆形，四周边缘崩残，底部不平，边缘设长弧圆形墨池。光素无纹。宽9.9、厚1.7厘米（图一六，4；图版一五，4）。

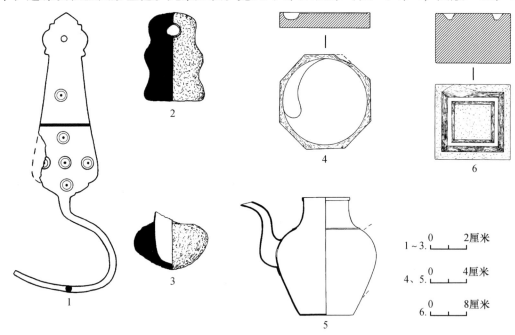

图一六　铜器、铁器、石器

1.铜蚊帐钩（采集：162）　2.铁权（采集：102）　3.铁杖首（采集：104）　4.石砚台（G1H5：8）　5.铜壶（G1⑥：1）

6.石勾栏柱头（T2采集：10）

第四节　建筑构件

538件。建筑构件以陶质为主，有板瓦、筒瓦、瓦当、滴水、砖、脊兽等。

一、板　　瓦

204件。

唐宋时期的板瓦共90件，复原2件。泥质陶，多呈灰白色，少量呈青灰色。泥片围筑而成，两侧有由内向外的切割痕。表面多光素无纹，部分饰疏落细浅的绳纹，内饰布纹。根据表面是否饰有绳纹，可分二型。

A型　64件。外素面。J1：8，青灰色。外素面，内饰布纹。宽边弧径26.8、窄边弧径19、长34、厚1.5厘米（图版一六，1）。

B型　26件。外饰绳纹。H13：2，灰白色。外饰绳纹，绳纹磨损较严重，内饰布纹。宽边弧径24.5、窄边弧径22、长32.5、厚1.5厘米（图版一六，2）。

明清时期的板瓦114件。多为素烧，少量施绿釉。形制基本相同，有厚、薄两种，均前部较宽，后部较窄，施釉者前半部露明面挂釉。露明面施绿釉的基本都是靖江王府宗祠使用的瓦件。H5：6，残。黄胎偏白，前半部露明面施绿釉，部分已脱落。长33、前宽26、后残宽16、厚1.3厘米（图版一六，3）。H5：5，残。黄胎偏红，素烧。残长36、残宽25、厚2厘米（图版一六，4）。

二、板瓦瓦沿

8件。均残。根据瓦沿花纹的不同，可分三型。

A型　2件。双线凹点纹瓦沿。H14：28，残。灰白色。上、下为两条实线，中间为断开的凹点纹。外绳纹内布纹。残长15、残宽15、头厚2.8、身厚1.2厘米（图版一六，5）。

B型　5件。花边双线凸点纹瓦沿。H17：4，残。灰黑色。外沿为较弯曲的波浪形，外沿下及内沿之间为两条实线，两条实线中间为断开的凸点纹。外素面，内布纹。残长14、残宽21、头厚4、身厚1.6厘米（图版一六，6）。

C型　1件。素面平折沿瓦沿。H5：1，残。灰胎，无釉。素面瓦沿，一端平折沿，一侧斜削面，余均残。残长16、残宽9、厚3厘米（图版一七，1）。

三、筒　　瓦

110件。

唐宋时期筒瓦共44件。修复5件。泥质陶，多呈灰白色，少量呈青灰色。泥片围筑而成，两侧有由内向外的切割痕。瓦舌平直，瓦身前后大小基本相同。表面多光素无纹，有少量饰细浅的绳纹，内饰布纹。根据表面是否饰有绳纹，可分二型。

A型　38件。外素面。T1H14：29，基本完整。灰色。外素面，内饰布纹。弧径15.5、长28、厚1.8厘米，熊头长5.1厘米（图一七，4；图版一七，2）。

B型　6件。外饰绳纹。J1：9，残。灰白色。外绳纹，内饰布纹。弧径15.5、残长24、厚1.8厘米，熊头长6.2厘米（图版一七，3）。

明清时期筒瓦共66件。有绿釉、酱釉两种类型，施绿釉的基本都是靖江王府宗祠使用的瓦件。形制基本相同，有大、小两类，前窄后宽，横断面为半圆形，前端带素胎熊头。G1H5：3，残。灰黑胎，瓦背上满挂酱釉。瓦长28.5、前宽15.3、后宽19.3、厚1.5厘米，矢高4.3厘米，熊头长3、宽12.5厘米（图一七，1；图版一七，4）。G1②：3，残。黄胎偏红，瓦背上满挂绿釉。瓦长34.8、前宽16、厚2厘米，矢高3厘米，熊头长5.3、宽13厘米（图一七，2；图版一七，5）。G1采集：3，残。黄胎偏红，瓦背上满挂绿釉。瓦背中央偏后带有正方形榫孔。瓦残长37.5、前宽15.5、厚1.8厘米，矢高7.8厘米，熊头残长6.5、宽11厘米。榫孔正方形，边长2厘米（图一七，5；图版一七，6）。T2G1：3，略残。青灰胎，外施绿釉，前端带有素烧熊头，为靖江王府宗祠使用的瓦件。瓦呈弧筒形，瓦身前后宽度基本一致。瓦长36.2、宽16厘米，矢高5.5厘米，熊头长4.2、宽11.6厘米（图一七，3；图版一八，1）。

四、平　口　条

12件。该瓦件安装在垂脊内侧压带条之下，是用以与正当沟上口找平的构件，形如长条形薄砖。黄偏红胎，绿釉，规格不一，为靖江王府宗祠使用的瓦件。G1采集：1，完整。黄胎偏红，露明处施绿釉。长28、宽10、厚2.8厘米（图版一八，2）。

五、压　带　条

2件。为靖江王府宗祠使用的瓦件。该瓦件安放在正脊两坡瓦垄交会处，压住正当沟不让其下滑，形似长条形砖，纵向外露部分边缘略向下弯曲，断面呈弧形，露明处施釉。G1采集：33，基本完整。黄胎偏红，露明处施绿釉。通长27.8、宽10.6、厚0.4～1.5厘米（图一七，6；图版一八，3）。

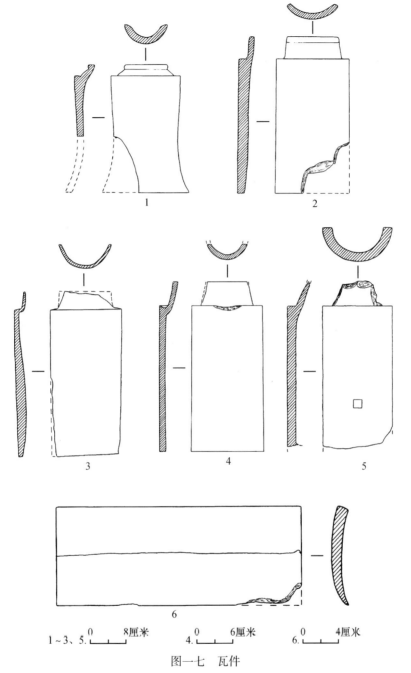

1~3、5. 0 ____ 8厘米   4. 0 ____ 6厘米   6. 0 ____ 4厘米

图一七 瓦件

1~3、5.明代筒瓦（G1H5：3、G1②：3、T2G1：3、G1采集：3） 4.A型唐宋筒瓦（T1H14：29）

6.明代压带条（G1采集：33）

六、花 纹 砖

15件。形制基本相同，长条形，砖面模印花纹，凹凸有致。有绿釉和素烧两种。其中绿釉者，红胎，图案面绿釉，部分釉面脱落，背面露胎无釉；素烧者灰胎。施釉的为靖江王府宗祠使用的瓦件。G1采集：5，残。红胎，露明处施绿釉，背面无釉。砖面立体

雕一方卷草纹，枝蔓上雕有三个叶片，凹凸有致。残长20、宽10.2、厚3厘米（图一八，7；图版一八，4）。G1采集：32，残。灰胎，素烧。砖面立体雕饰两方连续卷草纹，枝蔓上雕有四个叶片，凹凸有致。残长17.2、宽12.2、厚2.5厘米（图一八，6；图版一八，5）。G1采集：30，残。红胎，露明处施绿釉，背面无釉。砖面立体雕饰两方连续卷草纹，枝蔓上雕有四个叶片，凹凸有致。残长14、宽10.5、厚4.8厘米（图一八，3；图版一八，6）。G2③H1：2，残。灰胎，素烧。砖面立体雕饰缠枝纹。残长15、宽11、厚4.5厘米（图一八，1；图版一九，1）。G2③H1：1，残。灰胎，素烧。砖面立体雕饰缠枝牡丹纹。残长18、宽8.2、厚6厘米（图一八，4；图版一九，2）。

图一八　砖类建筑构件

1、3、4、6、7.花纹砖（G2③H1：2、G1采集：30、G2③H1：1、G1采集：32、G1采集：5）　2.灵霄盘子（G1采集：4）

5.Bb型方形砖（T1采集：5）

七、灵霄盘子

1件。灵霄盘子，又叫三仙盘子，该瓦件安装在歇山顶岔脊的最前端，用来封护脊端两坡瓦垄交会点，并使兽前、兽后高度协调一致，为靖江王府宗祠使用的瓦件。G1采集：4，完整。黄胎偏红，绿釉。外形看似三层错位烧结在一起的空心砖，上层长28.3、宽15厘米，中层长28.3、宽15.2厘米，下层长24、宽15.4厘米。中心空心部分为长方形斜槽，槽长8.3、宽3.1厘米。最上面的斜槽周边有一长条形凸起的槽座，盘子外底稍内陷，露明处皆挂釉色。通长32、高6.7厘米（图一八，2；图版一九，3、4）。

八、砖

96件。分长形砖和方形砖。泥质陶，夹有细石英砂，呈青灰色或灰白色，少数红色。长形砖有长条形砖、小条砖、城墙砖、长方形砖等种类，多素面，部分表面有绳纹。方形砖部分素面，部分有模印宝相花卉纹。

1. 长形砖

70件。

长条形砖　14件。砖的长宽比数值较大，规格各异，大小不一。T1④：1，完整。青灰色。纵截面呈正方形。素面。长19.5、宽4.5、厚4.5厘米（图版一九，5）。采集：2，完整。青灰色。纵截面近正方形。素面。长35、宽8.5、高7厘米（图版一九，6）。

小条砖　7件。T1⑤：5，完整。青灰色。纵截面呈长方形。素面，一面有刮痕。长18.8、宽6.6、厚2.6厘米（图版二○，1）。

城墙砖　4件。T1采集：3，基本完整。灰白色。纵截面呈长方形。素面。长39、宽19、厚9厘米（图版二○，2）。

长方形砖　45件。根据有无饰纹，分为二型。

A型　27件。素面。根据砖体厚薄的不同，分为二亚型。

Aa型　3件。砖体较薄。T2⑤：14，完整。灰色。纵截面呈长方形。素面，一面有刮痕。长25.8、宽14、厚2.7厘米（图版二○，3）。

Ab型　24件。砖体较厚。T2⑦：1，基本完整。青灰色。纵截面呈长方形。素面。长34、宽15.3、厚4厘米（图版二○，4）。T2⑤：16，完整。青灰色。纵截面呈长方形。素面。长33、宽16、厚5厘米（图版二○，5）。

B型　18件。有纹饰。根据砖体厚薄的不同，分为二亚型。

Ba型　11件。砖体较厚。H14：26，基本完整。灰白色。纵截面呈长方形。一面饰有绳纹。长33.5、宽16、厚4.8厘米（图版二○，6）。

Bb型　7件。砖体较薄。H14∶27，残。灰白色。纵截面呈长方形。一面饰有直线形绳纹。残长24、宽15.8、厚3.5厘米（图版二一，1）。H16∶1，基本完整。灰白色。纵截面呈长方形。一面饰有分段式绳纹。长32.5、宽14.5、厚3.5厘米（图版二一，2）。

2. 方形砖

26件。根据有无饰纹，分为二型。

A型　12件。素面。根据厚薄的不同，分为二亚型。

Aa型　6件。砖体较薄。T1⑨∶3，基本完整。灰白色。素面。边长33、厚5厘米（图版二一，3）。

Ab型　6件。砖体较厚。T1采集∶3，残。灰白色。素面。残长30、残宽21、厚8厘米（图版二一，4）。

B型　14件。一面饰有纹饰。此型砖主要用在重要建筑门口、墁道等部位或铺砌御道的地面。纹饰主要为莲花纹。图案分为三部分，中心为莲花纹，四角为蔓草纹装饰，边缘为联珠纹。根据厚薄的不同，分为二亚型。

Ba型　8件。砖体较薄。T1采集∶4，残。青灰色。砖体较薄。内饰宝相花纹饰，外以蔓草装饰四角，最外缘为一周联珠纹。残长17、残宽13、厚3.6厘米（图版二一，5）。

Bb型　6件。砖体较厚。T1采集∶5，残。灰白色。内饰宝相花纹饰，宝相花瓣小而密集，花瓣间有间隔，外以蔓草装饰四角，最外缘为一周联珠纹。长30.5、残宽18、厚4.2厘米（图一八，5；图版二一，6）。T1采集∶6，残。灰白色。内饰宝相花纹饰，宝相花瓣大，花瓣间隔小，外以蔓草装饰四角，最外缘为一周联珠纹。长32、残宽15、厚5.2厘米（图版二二，1）。T1采集∶7，残。青灰色。内饰宝相花纹饰，宝相花瓣大，花瓣间隔疏朗，外以蔓草装饰四角，最外缘为一周联珠纹。残长19、残宽20、厚5.3厘米（图版二二，2）。

九、瓦　当

61件。根据瓦当主体纹饰的不同，分为四型。

A型　18件。莲花纹瓦当。根据莲花纹细节特征的不同，分为十二亚型。

Aa型　3件。莲房九个莲子，八瓣凸起莲瓣，瓣间以细分叉竖线分隔。T1H14∶30，青灰胎。当面略残，当心莲房饰九个莲子，当面饰八瓣凸起莲瓣，瓣形饱满，瓣间以分叉竖线分隔，莲瓣外绕一周弦纹，高边轮上饰蔓草纹一周。当径13.5、厚2.2、边轮宽1.5～2.2厘米（图一九，3；图版二二，3）。

Ab型　3件。莲房无莲子，八瓣凸起莲瓣，瓣间以弧边三角和粗长竖线分隔。T1⑨∶4，完整。青灰胎。当心饰一莲房，当面饰八瓣凸起莲瓣，瓣形细长，瓣间以弧边三角和粗长竖线分隔。当径14.5、厚2.5、边轮宽0.8～2厘米（图一九，9；图版二二，4）。

Ac型　1件。莲房无莲子，莲瓣内凹，瓣形饱满，瓣间以弧边三角分隔。H14∶31，残。

灰胎。当心饰一莲房，当面残存六瓣莲瓣，瓣形饱满，凹瓣间以弧边三角分隔。当径12.5、厚2.6、边轮宽1厘米（图版二二，5）。

Ad型　1件。莲房八个莲子，多瓣凸起小莲瓣，瓣间以弧边三角分隔。T1采集：9，残。青灰胎。当心莲房饰八个莲子，当面残存十三瓣小莲瓣，瓣间以弧边三角分隔。当径14、厚2、边轮宽0.4厘米（图一九，7；图版二二，6）。

Ae型　1件。莲房无莲子，八瓣凸起莲瓣，瓣形饱满，瓣间以弧边三角和细长竖线分隔。T1⑦：1，完整。青灰胎。当心饰一莲房，当面饰八瓣粗大莲瓣，瓣间以弧边三角和细长竖线分隔。当径13、厚2.2、边轮宽1.5厘米（图一九，2；图版二三，1）。

Af型　3件。莲房七个莲子，十二瓣重瓣莲瓣。T2⑨：3，残。灰白胎。当心莲房饰七个莲子，当面饰十二瓣重瓣莲瓣，莲瓣外绕一周弦纹。当径14、厚2、边轮宽1厘米（图一九，6；图版二三，2）。

Ag型　1件。莲房九个莲子，二十瓣小莲瓣。T2采集：9，残。青灰胎。当心莲房饰九个莲子和两周弦纹，当面饰二十瓣小莲瓣。当面残宽9.5、厚2、边轮宽0.5厘米（图一九，1；图版二三，3）。

Ah型　1件。莲房八个莲子，十四瓣双重瓣莲瓣。T2⑤：15，当面略残。青灰胎。当心莲房饰八个莲子，当面饰十四瓣双重瓣莲瓣。当径13、厚1.2、边轮宽0.4厘米（图一九，5；图版二三，4）。

Ai型　1件。莲房十八个莲子，八瓣凸起莲瓣，瓣形饱满，瓣间以弧形三角和分叉竖线分隔。T2H10：1，残。灰白胎。当心莲房饰十八个莲子，当面饰八瓣凸起莲瓣，瓣形饱满，瓣间以弧形三角和分叉竖线分隔。当径13、厚1.5、边轮宽0.5厘米（图一九，4；图版二三，5）。

Aj型　1件。莲房无莲子，八瓣重瓣莲瓣，莲瓣内凹，瓣间以弧形三角分隔。T2⑥：5，残。青灰胎。莲房较小，无莲子，当面饰八瓣重瓣莲瓣，莲瓣内凹，瓣间以弧形三角分隔。当径13、厚1.3、边轮宽1.2厘米（图版二三，6）。

Ak型　1件。莲房九个莲子，八瓣凸起莲瓣，瓣形较饱满宽肥，瓣间以弧形三角和粗长竖线分隔。T2H12：1，当面略残。青灰胎。当心莲房饰九个莲子，当面饰八瓣凸起莲瓣，瓣形较饱满宽肥，莲瓣外绕一周弦纹，瓣间以弧形三角和粗长竖线分隔。当径14、厚2、边轮宽1厘米（图一九，8；图版二四，1）。

Al型　1件。单郭复瓣花瓣，花瓣外弦纹与边轮间饰有联珠纹。G2⑦：2，残。灰白胎。当面残有两瓣单郭复瓣莲花瓣，莲瓣外绕一周弦纹，弦纹与边轮间饰有联珠纹。当面残长10、残宽6、厚2.2、边轮宽1.2厘米（图版二四，2）。

B型　2件。联珠纹瓦当。根据莲房莲子的多少，分为二亚型。

Ba型　1件。莲房多个莲子。T1⑧：1，残。青灰胎。当心饰莲房残有六个莲子，莲房外饰联珠纹一周，有八个联珠。当径13.5、厚1.5、边轮宽1.2厘米（图版二四，3）。

Bb型　1件。莲房一个莲子及两周弦纹。G2⑦：3，残。青灰胎。当心莲房饰有一个莲子及两周弦纹，莲房外饰联珠纹一周，有八个联珠。当径12.5、厚1.5、边轮宽1厘米（图版二四，4）。

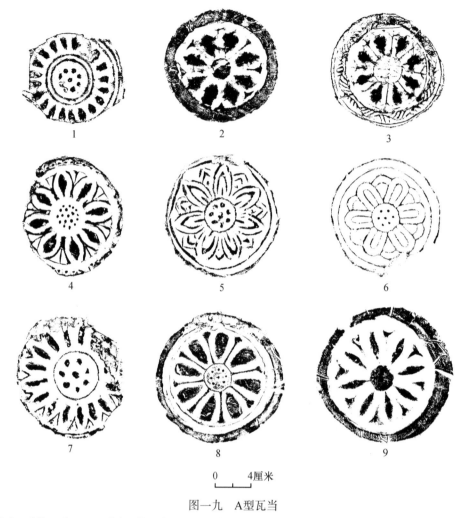

图一九　A型瓦当

1. Ag型（T2采集：9）　2. Ae型（T1⑦：1）　3. Aa型（T1H14：30）　4. Ai型（T2H10：1）　5. Ah型（T2⑤：15）

6. Af型（T2⑨：3）　7. Ad型（T1采集：9）　8. Ak型（T2H12：1）　9. Ab型（T1⑨：4）

C型　40件。龙纹瓦当。当面为圆形，绿釉，模印四爪或五爪奔龙纹，有多种规格，这类龙纹瓦当可以确定为靖江王府宗祠使用的瓦件。G1采集：26，当面完整。黄胎偏白，满挂绿釉。中央模印五爪奔龙，龙呈奔走状，龙头居中朝右上方昂首，龙尾卷曲至龙头上方，龙须飘扬，身披鳞甲，四只龙爪分别置于上下前后四个方向，均五爪劲张，弯曲如钩。当面直径14.3、边轮宽2、厚1.2、当面连残瓦长31厘米（图二〇，3；图版二四，5、6）。G1采集：13，残，仅余当面。黄胎偏白，满挂绿釉。中央模印五爪奔龙，龙呈腾飞状，龙头居中朝左上方昂首，龙尾卷曲至龙头上方，龙须飘扬，身披鳞甲，四只龙爪分别置于上下前后四个方向，均五爪劲张，弯曲如钩。当面直径13.5、边轮宽1.5、厚1.2厘米（图二〇，2；图版二五，1）。G1H2：1，当面完整，瓦无存。素烧，灰胎。中央模印龙纹，龙身呈"S"形，龙头位于当面中央偏左，长尾盘曲至头上方，龙头朝左边昂起，双角上翘，眼睛圆睁视前，曲颈折腰，身披鳞甲，瓦面只现三只龙爪，龙头下方两只，上方一只，均肢体虬张，五爪弯曲如钩。当面直径12.5、边轮宽1.2、厚1.5厘米（图二〇，1；图版二五，2）。G1采集：9，当面完整。黄胎偏白，通体挂绿釉，表面绿釉脱落呈红色。中央模印五爪奔龙，龙呈腾飞状，龙头居中朝左上方昂首，龙尾卷曲至龙头上方，龙须飘扬，鳞甲不清，四只龙爪分别置于上下前后四个方向，趾不清。当面直径14.5、边轮宽1.8、厚1.5厘米（图二〇，4；图版二五，3）。

D型　1件。花卉纹瓦当。G1H5：9，当面一侧缺损。灰黑胎。当面中央模印一朵花卉纹，花卉左侧有缠枝纹。当面直径16、边轮宽1.5、厚1.3厘米（图二〇，5；图版二五，4）。

图二〇　瓦当
1~4.C型（G1H2：1、G1采集：13、G1采集：26、G1采集：9）　5.D型（G1H5：9）

十、滴　水

10件。根据纹饰的不同，分为二型。

A型　4件。当面饰龙纹或朱雀纹。饰龙纹者可以基本确定为靖江王府宗祠使用的瓦件。根据是否施釉，分为二亚型。

Aa型　3件。绿釉，正面和背面、瓦身的前半部仰面和背面挂釉。皆模印五爪行龙纹。H7：1，残。黄胎偏白。当面中央模印五爪龙纹，龙头位于左上中侧部向右回望，龙身呈"S"形伸展，龙尾位于右上角，左上角有祥云纹，龙身中部上端有火球纹，四足五爪劲张做行走状。瓦残长24、当面宽26、高13、边郭宽1.8、厚1.2厘米（图版二五，5）。采集：5，残。黄胎偏白。当面中央模印五爪龙纹，龙头位于右上中侧部向左回望，龙身呈"S"形伸展，龙尾位于左上角，右上角有祥云纹，龙身中部上端有火球纹，四足五爪劲张做行走状。当面残宽22、高14、边郭宽1.8、厚1.2厘米（图二一，1；图版二五，6）。G1采集：31，残。黄胎偏白。当面中央模印五爪龙纹，龙头向右，与采集：5的图案相反。当面残宽23.5、高14、边郭宽1.8、厚1.2厘米（图二一，3）。

Ab型　1件。素烧，通体无釉。G1H5：2，右侧残损。灰白胎。当面为如意形，中央模印朱雀纹。当面残宽12、高12.5、边郭宽1.5、厚1厘米（图版二六，1）。

B型　6件。素烧，当面饰花卉纹。根据纹饰的不同，分为二亚型。

Ba型　3件。当面饰缠枝花卉纹。G1H2：3，残。青灰胎。当面为如意形，下部残损。中央模印一朵立体花卉纹，花卉左右各有一缠枝纹。当面宽19、残高12、边郭宽1.5、厚1.5厘米（图版二六，2）。G1H2：2，残。青灰胎。当面为如意形，下部残损。中央模印一朵立体花卉纹，花卉左右及上部各有一缠枝纹。当面宽20、残高9、边郭宽1.2、厚1厘米（图版二六，3）。G1H3：1，残。青灰胎。当面左侧缺损，右侧模印缠枝花卉纹。残宽11、残高9.3、边郭宽1.6、厚1厘米（图二一，2；图版二六，4）。

Bb型　3件。当面饰朵花。T1采集：8，较完整。青灰胎。当面呈弧边三角形。当面饰花叶一枝，花心圆形，七瓣花瓣呈长圆形。顶部饰一周凸起竖棱，底部饰两道水波纹。当面宽17、高10.2、厚1厘米（图版二六，5）。采集：6，残。灰白胎。当面呈如意形。当面饰荷花纹。当面残宽13、高10.5、厚1厘米（图版二六，6）。采集：7，残。灰白胎。当面呈如意形。当面饰二叶一花。当面残长13、残宽7、厚0.8厘米（图版二七，1）。

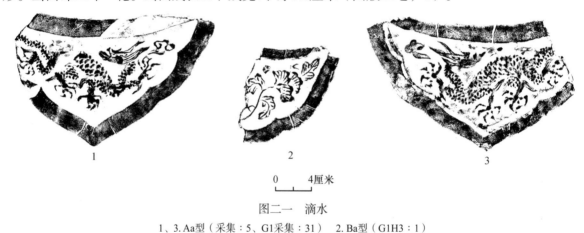

1　　　　　　　　　2　　　　　　　　　3

0　　4厘米

图二一　滴水

1、3.Aa型（采集：5、G1采集：31）　2.Ba型（G1H3：1）

十一、脊　兽

5件。

垂兽　1件。G1采集：19，残。黄胎偏红，中空，满挂绿釉。仅余兽头，兽眼激凸，目视前方，鼻孔翕张，嘴唇紧闭，露出獠牙，颚下有胡须呈卷曲状，内残留少许灰浆。残长20、残高15厘米（图版二七，2）。

垂兽躯干　1件。G1采集：20，残。黄胎偏红，通体挂绿釉。背有鬣毛，躯干饰鳞片。残长14、残高12、厚7厘米（图版二七，3）。

吻兽尾部　1件。采集：5，残。黄胎偏红，满挂绿釉。饰有鬃毛、鳞片。残宽12、残高22、厚3厘米（图版二七，4）。

鸱吻残件　1件。G1②：1，残。黄胎，满挂绿釉。上饰鬃毛、鳞片。残长30、残宽24、厚3.5厘米（图版二七，5）。

脊兽马头　1件。采集：21，残。黄胎，满挂绿釉。残长12、残宽5、残高10厘米（图二二，2；图版二七，6）。

十二、特殊建筑构件

14件。

榫卯构件　1件。G1采集：14，残。黄胎偏白，露明处施绿釉。构件一端似有卯眼结构。残长15、宽13、高8.2厘米（图版二八，1）。

砖构件　1件。采集：3，残。青灰胎。一面雕有凹窝，内有球状凸起。残长14、残宽13、高8.5厘米（图版二八，2）。

正脊残件　5件。G1采集：25，残。黄胎偏红，立面施绿釉。构件表面的上、下各有一组外凸的对称装饰脚线。残长19、中间束腰高9.1、通高24厘米（图版二八，3）。

莲花形建筑构件　1件。G1H2：5，残。红胎，器身满挂绿釉。残部可见两层雕刻覆莲纹，莲瓣顶端饰有如意纹。残长25、残高15、厚4厘米（图版二八，4）。

鱼壳瓦　3件。该瓦件的功能是覆盖两坡板瓦垄交接处，防雨水渗漏。采集：17，完整。黄胎，绿釉，釉已大部脱落。呈马鞍形，截面呈"人"字形，两端微翘，中部稍低。瓦长12.5、宽7.2、高4.8厘米（图二二，1；图版二八，5、6）。

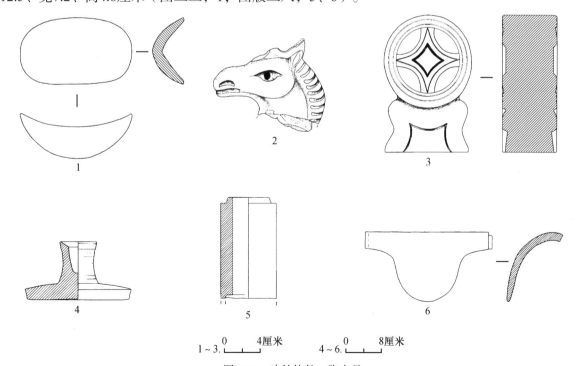

$$1 \sim 3. \quad \begin{array}{c} 0 \quad\quad 4厘米 \\ \hline \end{array} \quad\quad 4 \sim 6. \quad \begin{array}{c} 0 \quad\quad 8厘米 \\ \hline \end{array}$$

图二二　建筑构件、陶支具

1.鱼壳瓦（采集：17）　2.脊兽马头（采集：21）　3.钱形建筑构件（T2采集：11）　4.陶支具（T1H9：5）

5.陶管（G1采集：23）　6.正当勾（G1采集：6）

正当勾　1件。完整。该瓦件安放在屋脊前后两坡瓦垄交会处，是覆盖前后坡最顶端的筒瓦和板瓦的防水构件。G1采集：6，红胎，外施绿釉，釉大多已剥落。表面呈弧形，末端略尖，两侧分别为子口、母口，用于互相叠压。宽28、高15.8、厚1.6厘米（图二二，6；图版二九，1、2）。

钱形建筑构件　1件。完整。T2采集：11，青灰胎。上端饰钱纹，圆形方孔，下端有"M"形托，正反两面的边框阳起。长9、宽6、高15厘米（图二二，3；图版二九，3、4）。

陶管　1件。完整。G1采集：23，黄褐胎。圆柱体，表面光滑。两端分别为子口、母口，可以套接。长21.2、外径12.2、子口径8.5、孔径6.5厘米（图二二，5；图版二九，5）。

第五节　陶　　器

118件。主要以生活用具为主。陶器部分为素烧，部分为釉陶，如部分灯、檐口坛、罐、执壶、器盖等。之所以称之为釉陶，是因为这类器物的胎土是黏土而不是高岭土，虽然施釉及烧成温度接近瓷器，但是又达不到瓷器的标准，故而把这类釉陶归入陶器类。

一、支　　具

1件。T1H9：5，完整。夹砂灰红陶。中心凸起一空心圆柱，口沿部分加厚，整体呈倒置伞状。底部直径23.5、柱径8、高12.2厘米（图二二，4；图版二九，6）。

二、碾　　轮

1件。G3①：1，残。夹砂青灰陶。扁圆形，中心有圆孔，中部厚边缘薄。外径11.2、孔径2、厚1.4厘米（图二三，1；图版三〇，1）。

三、擂　　钵

3件。器内刻划斜向沟槽，较密集，沟槽较深。根据大小的不同，分为二型。

A型　1件。器形较小。残。G3③：13，夹砂红陶。敛口，圆唇外翻形成圆外沿，斜腹，底部内凹。沟槽顶部离口沿有一定距离。口径10.6、底径4.4、高7.3厘米（图二三，2，图版三〇，2）。

B型　2件。器形较大。残。H2：6，泥质红陶。敛口，尖唇外翻形成尖外沿，沿底内收成斜面，腹部较直，底部内凹。沟槽顶部接近口沿。口径20.2、底径7.8、高16厘米（图二三，3；图版三〇，3）。

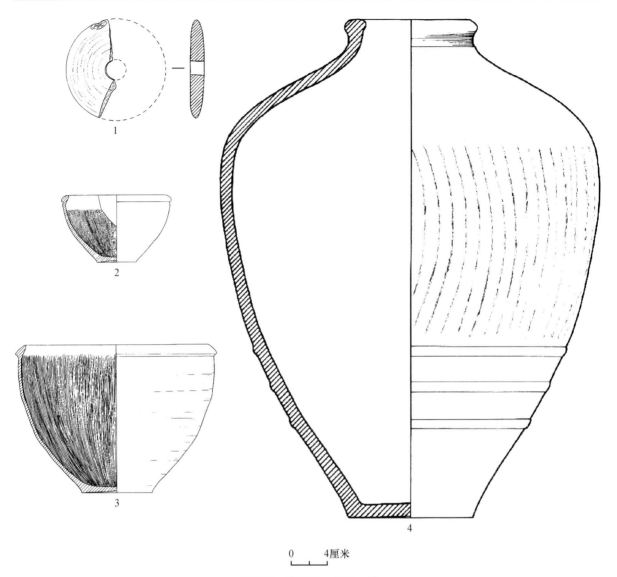

图二三 陶碾轮、擂钵、瓮

1. 碾轮（G3①：1） 2. A型擂钵（G3③：13） 3. B型擂钵（H2：6） 4. 瓮（采集：13）

四、瓮

1件。完整。采集：13，泥质红陶。圆唇，束颈，斜肩，腹部高长，平底。上腹部阳刻一周平行弧线，下腹部阳刻三周弦纹。口径14.8、腹径41.5、底径13.8、高53.6厘米（图二三，4；图版三〇，4）。

五、灯

33件。根据形制的不同，分为二型。

A型　7件。盏形灯。根据口沿是否堆塑灯芯柱，分为二亚型。

Aa型　5件。无堆塑灯芯柱。T1J1：2，残。泥质青灰胎，酱釉，内施满釉，外壁不施釉，局部有流釉。敞口，圆唇，斜直腹，饼足。口径8.2、底径2.6、高2.6厘米（图二四，1；图版三〇，5、6）。H2：3，残。泥质青灰胎，青釉，内施满釉，外施半釉。敞口，方唇，斜弧腹，饼足。口径8.8、底径2.6、高3厘米（图二四，2；图版三一，1）。T2①：26，残。泥质红胎，酱釉，釉色深绿，内施满釉，外壁不施釉，有部分釉汁流至腹部。敞口，圆唇，斜腹，饼足。口径8.3、底径2.8、高2.4厘米（图二四，3；图版三一，2）。T2①：28，残。泥质灰胎，釉色黄绿，内施满釉，外壁不施釉。敞口，圆唇，斜腹，饼足。口径7.6、底径2.6、高2厘米（图二四，4；图版三一，3）。G3③：9，残。泥质灰黑胎，酱釉，内施满

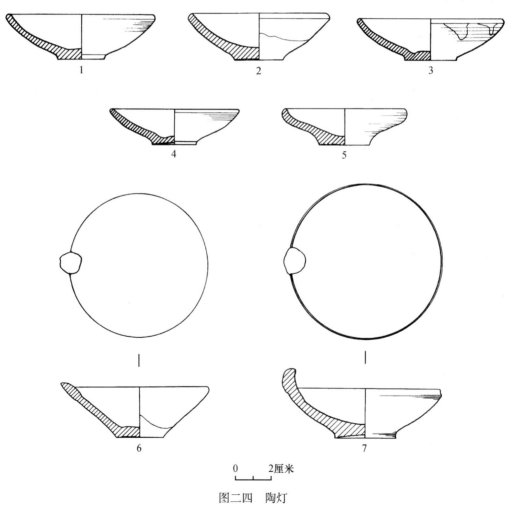

图二四　陶灯

1～5.Aa型（T1J1：2、H2：3、T2①：26、T2①：28、G3③：9）　6、7.Ab型（T2①：27、H3：1）

釉，外壁仅口沿施釉。口微敛，圆唇，斜腹，饼足。口径7.2、底径2.8、高2厘米（图二四，5；图版三一，4）。

Ab型　2件。堆塑灯芯柱。T2①：27，残。泥质青灰胎，酱釉，内施满釉，外施半釉。口沿处堆塑一半球状凸起。敞口，圆唇，斜直腹，平底。口径8、底径2.5、高3厘米（图二四，6；图版三一，5）。H3：1，完整。泥质红胎，酱釉，内施满釉，有三个支钉痕呈"品"字形分布，外壁施釉最多过腹部。口沿处有一凸起尖形堆塑，截面略呈圆形。折口，尖唇，斜腹，饼足内凹。口径8.6、底径3.4、高3.9厘米（图二四，7；图版三一，6）。

B型　26件。豆形灯。根据底足是否空心，分为二亚型。

Ba型　17件。底座空心。此型灯大小不一。XJ：6，顶部残。泥质红胎，酱釉，外施满釉。中间有一中空竹节形把，喇叭形底座中空，底座上承一近平盏托。底径12、残高18.5厘米（图二五，2；图版三二，1）。T②H8：1，上部残。泥质青灰陶。喇叭形底座中空，底座上承一平台。通宽10.7、底径9.5、残高8.5厘米（图二五，4；图版三二，2）。

Bb型　9件。底座实心。大小略有不同。H4：5，顶部灯盏边缘残。红胎，酱釉，外施釉不及底。中间有一中空圆柱形把，上下略大，中间细，喇叭形底座实心，底座上承一近平盏托。盏托口径11.9、底径7.6、残高11.9厘米（图二五，1；图版三二，3）。G3③：12，完整。红胎，青釉，外施满釉。敞口，圆唇，顶承一灯盏，器内弧腹，底心与灯把空心相通，中间有一上小下大中空圆柱形把，外腹曲弧，喇叭形实心底座，底座上承一近平盏托。灯盏口径5.8、底径7.4、高12.4厘米（图二五，3；图版三二，4）。

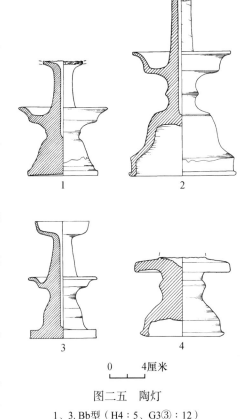

图二五　陶灯
1、3.Bb型（H4：5、G3③：12）
2、4.Ba型（XJ：6、T②H8：1）

六、檐口坛

10件。根据外檐口沿的变化，分为二型。

A型　2件。外檐敞口。XJ：5，残。泥质灰胎，青釉，内壁仅在外口沿一周施釉，外壁施釉至肩。内檐敛口，方唇，外有弧檐上翘，内口沿高于外口沿，斜肩，鼓腹，平底。内口径8、外口径18、底径10.2、高26厘米（图二六，4；图版三三，1）。采集：133，完整。泥质灰红胎，施黄釉。内檐敛口，圆唇，外檐敞口上翘，鼓腹，圈足较窄。腹部以灰红胎为地，黄釉留空处饰两幅图案。一幅为"喜上眉梢"，横向梅枝呈卧"Y"字形，上方一枝开出两朵梅花，两朵梅花间立有一喜鹊，回首向左顾盼。另一幅为梅枝与梅花，较为写意。内口径8.6、外口径和腹径18.6、底径9、高18.5厘米（图二六，3；图版三三，2）。

　　B型　8件。外檐敛口。T1H14：5，残，仅剩口沿处。泥质灰胎，青釉，内外口沿间施釉。内檐直口，圆唇，外有弧檐上翘，内口沿略高于外口沿。内口径12.6、外口径19、残高4厘米（图二六，2；图版三三，3）。

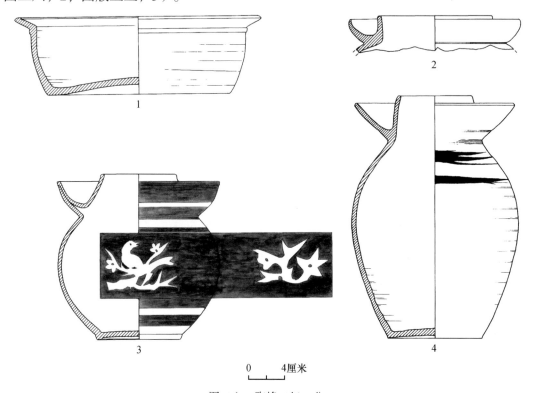

0　　　4厘米

图二六　陶檐口坛、盆

1. 盆（T1①：3）　2. B型檐口坛（T1H14：5）　3、4. A型檐口坛（采集：133、XJ：5）

七、罐

　　20件。根据是否施釉，可分为施釉和素烧二型。

　　A型　10件。施釉。根据口沿的不同，分为三亚型。

　　Aa型　6件。平口沿。采集：9，残。泥质灰褐胎，外施酱釉，不及底。口沿外翻成平口璧状，束颈，斜肩，腹部最宽处至底部内收较剧，底部内凹。口径5.8、腹径13、底径3.7、高19厘米（图二七，3；图版三三，4）。

　　Ab型　2件。斜口沿。采集：105，完整。泥质灰褐胎，外壁通体施酱釉，釉不及底。尖唇，口沿外翻形成斜口，尖沿，斜肩，鼓腹，底部内凹。口径7.4、腹径14、底径9.4、高17.5厘米（图二七，2；图版三三，5）。

　　Ac型　2件。侈口。H4∶1，口沿略残。泥质灰胎，器内颈部、外壁施酱釉，不及底。圆唇略外侈，束颈，圆肩，鼓腹，底部内凹。肩部以下印方格纹，方格纹内阳印四瓣桂花纹。口径7.6、腹径12.5、底径8.1、高15.4厘米（图二七，1；图版三三，6）。

　　B型　素烧。10件。大小不一。

　　3件。器形较矮小。完整。H4∶4，素烧，泥质红褐胎，器身表面略有拉坯留下的平行宽弧线。口沿外翻，尖唇，束颈较短，斜肩，斜直腹，底部内凹。口径9、腹径17.4、底径10.6、高13厘米（图二七，4；图版三四，1）。

　　3件。器形较矮宽。H5∶2，基本完整。素烧，泥质红褐胎，器身表面略有拉坯留下的平行宽弧线。口沿外翻，尖唇，束颈较短，斜肩，斜直腹，底部内凹。口径10.5、腹径21、底径11.9、高16.4厘米（图二七，5；图版三四，2）。

　　4件。器形较高大。XJ∶2，完整。素烧，泥质红褐胎，器身表面略有拉坯留下的平行宽弧线。口沿外翻，尖唇，束颈较短，斜肩，斜直腹，底部内凹。口径10.6、腹径20.6、底径11.7、高18.1厘米（图二七，6；图版三四，3）。

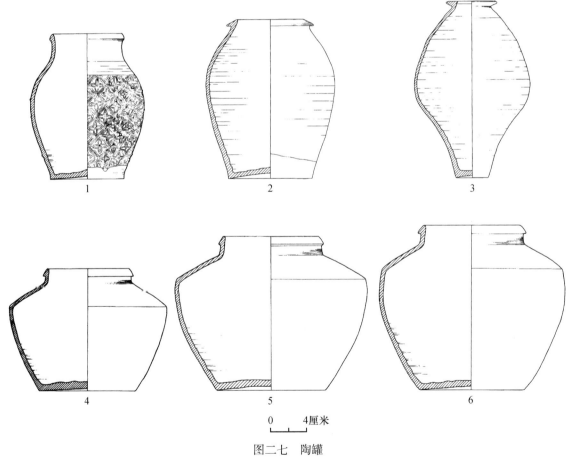

0　　4厘米

图二七　陶罐

1. Ac型（H4∶1）　2. Ab型（采集：105）　3. Aa型（采集：9）　4~6. B型（H4∶4、H5∶2、XJ∶2）

八、盆

1件。T1①：3，略残。泥质灰黑胎，表面粗糙，内外不施釉。口沿外侈，圆唇，束颈，腹部略鼓，底部正中内凹。颈部凸起一周弦纹。口径27.7、底径20.5、高8.5厘米（图二六，1；图版三四，4）。

九、执　　壶

29件。以流所在位置的不同，分为二型。

A型　24件。流在口沿处。大小不一，大致有三款。

8件。溜肩，腹部最大径位置稍高，器形较丰满。CQ①：1，完整。泥质红褐胎，仅外部口沿、颈部、执柄上部施酱釉。流设于口沿处，敞口外侈，尖唇，束颈，溜肩，圆腹，底部外侈，平底内凹。与流相对部位设一执柄，执柄上端位于颈部，下端位于腹部上方。口径7、腹径12.8、底径7.5、高14.4厘米（图二八，4；图版三四，5）。

7件。溜肩，腹部最大径位置较低，器形较矮坠。CQ①：3，略残。泥质红褐胎，仅外部口沿、颈部、执柄上部施酱釉。流设口沿处，敞口外侈，尖唇，束颈，溜肩，圆腹，底部微外侈，平底内凹。与流相对部位设一执柄，执柄上端位于颈部，下端残。口径5.8、腹径9.4、底径6.2、高10.2厘米（图二八，3；图版三五，1）。

9件。斜肩，器形较高挑。XJ：1，完整。泥质红褐胎，仅外部口沿、颈部、执柄上部施酱釉。敞口外侈，尖唇，束颈，斜肩，圆腹，平底内凹。与流相对部位设一执柄，执柄上端位于颈部，下端位于腹部上方。口径9、腹径13.5、底径8、高17厘米（图二八，6；图版三五，2）。

B型　5件。流在肩部，带系。根据器身上系的数量多少，分为二亚型。

Ba型　1件。五系。ZC：1，略残。泥质灰白胎，器内外施酱黑釉，外不及底。口沿外侈，尖唇，斜肩，短流，位于肩下部，肩上设五处系，与流相对部位设一直系，流与直系两侧各设两处横系，腹部上半部分陡直，下半部分略内收，底部内凹。口径5.7、腹径17、底径13.8、高14.5厘米（图二八，2；图版三五，3）。

Bb型　4件。二系。G3①：2，略残。泥质红褐胎，器内仅口沿、颈部施酱黄釉，外壁施釉不及底。口沿外侈，尖唇，长颈，斜肩，残流位于肩部与腹部交接处，与流呈直角处的肩上设二系，与流相对部位设一执柄，执柄上端位于颈部中央，下端位于腹部中央，腹部略外鼓，底部外侈，中心内凹。口径4.3、腹径10.3、底径11.3、高8.3厘米（图二八，1；图版三五，4）。

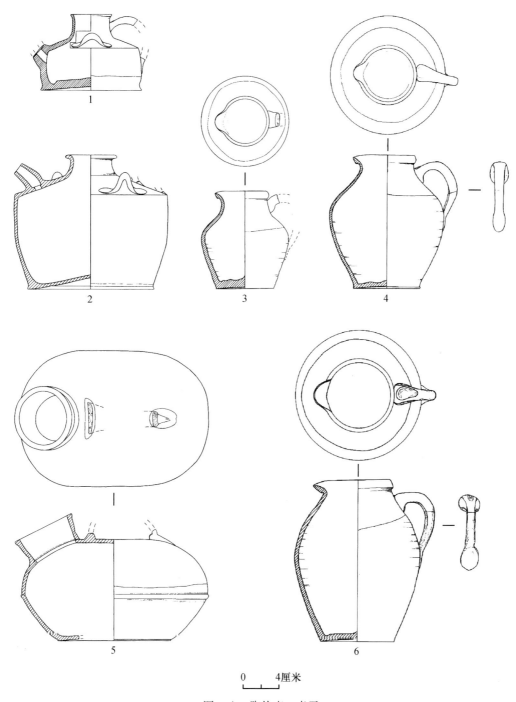

0　　4厘米

图二八　陶执壶、虎子

1. Bb型执壶（G3①：2）　2. Ba型执壶（ZC：1）　3、4、6. A型执壶（CQ①：3、CQ①：1、XJ：1）　5. 虎子（采集：10）

十、虎　子

1件。采集：10，略残。灰白胎，青釉，外施半釉，不及腹中。敞口，方唇，鼓腹，平底内凹，柄残。口径7.5、长21、宽14.5、高11厘米（图二八，5；图版三五，5）。

十一、器　盖

14件。根据是否施釉，分为二型。

A型　4件。施釉。根据釉色的不同，分为二亚型。

Aa型　2件。绿釉。

锥形纽　1件。G1H5：11，略残。泥质红胎，内不施釉，表面施绿釉。子口，盖面平，表面有两层高差，边缘宽平，圆锥形纽，顶部弧圆。盖径5.3、子口径3、高3厘米（图二九，4；图版三五，6）。

圆形纽　1件。XJ：3，完整。灰白胎，内无釉，外施满绿釉。子口，盖身隆起，顶端置一桃形圆纽，中有一孔贯穿盖体。盖径6.9、子口径5.1、高5.3厘米（图二九，3；图版三六，1）。

Ab型　2件。酱釉。

纽残不明　1件。H2：1，泥质灰白胎，酱釉，内无釉，外施满釉。子口，盖身微隆起，宽边缘微上翘，顶端纽残。盖径19.2、子口径15.1、残高4厘米（图二九，1；图版三六，2）。

桃形纽　1件。WJ：1，略残。泥质灰胎，酱黄釉，内无釉，外施满釉。子口，盖面弧平，顶端置一球形纽，纽顶尖。盖身饰两周弦纹。盖径6.9、子口径5、高2.3厘米（图二九，6；图版三六，3）。

B型　10件。不施釉。根据盖面形制的不同，分为二亚型。

Ba型　7件。器盖隆起，子口呈圈足状。

桥形纽　6件。H4：2，残。泥质灰红胎，无釉。子口，盖身隆起斜弧至盖顶，边缘宽平，平顶上有一桥形系。盖径19.2、子口径15.1、高6.8厘米（图二九，9；图版三六，4）。

平纽　1件。采集：12，残。泥质灰黑胎，无釉。子口，盖面隆起直弧至盖顶，宽边缘略上翘，顶部平纽。盖径11、子口径7、高3.5厘米（图二九，2；图版三六，5）。

Bb型　3件。器盖中部下凹，子口呈平底状。

条形纽　1件。XJ：4，残。泥质灰白胎，无釉。子口，平沿，盖中凹陷内有一系。盖径12、高1.2厘米（图版三六，6）。

圆形纽　2件。DM：1，略残。泥质灰白胎，无釉。子口，盖心下凹，内有一圆形纽，盖底平。盖径4.7、子口径2.8、高1.8厘米（图版三七，1）。

十二、筷 子 筒

1件。G1①：1，完整。泥质灰红胎，青釉，内施满釉，外釉不及底。直口，卷唇，平沿，直腹，内凸底，外平底。口径11.8、底径10.7、高8.1厘米（图二九，8；图版三七，2）。

十三、钵

1件。H2：7，完整。泥质红胎，酱釉，器内施满釉，口沿无釉，仅在器外口沿下方施釉一周。敛口，折唇，足墙外撇，底部内凹。口径10.8、底径6.5、高7.3厘米（图二九，7；图版三七，3）。

十四、釜

2件。T1H14：32，残。夹砂红陶。敞口，口沿下折斜收，尖圆唇。器身饰斜方格纹。残长10、残宽5.1厘米（图版三七，4）。T1H14：33，残。夹砂灰陶。敞口，口沿斜收，圆唇，鼓腹。器身饰方格纹。口径14、腹径13.7、残高6.1厘米（图二九，5；图版三七，5）。

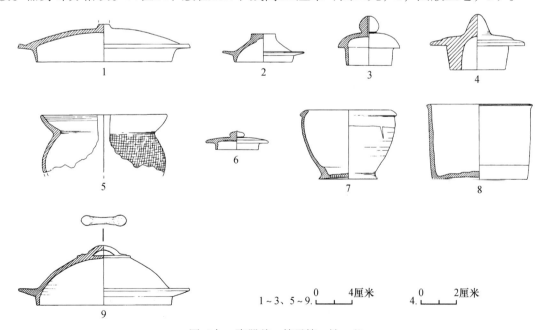

图二九 陶器盖、筷子筒、钵、釜
1、6.Ab型器盖（H2：1、WJ：1） 2、9.Ba型器盖（采集：1、H4：2） 3、4.Aa型器盖（XJ：3、G1H5：11）
5.釜（T1H14：33） 7.钵（H2：7） 8.筷子筒（G1①：1）

第六节　瓷　　器

1211件。瓷器的器形主要有汤匙、壶、盏、盘、钵、器盖、杯、碟、碗等，其中以杯、碟、碗为大宗。

一、汤　　匙

19件。根据釉色的不同，可以分为透明釉、釉上彩、黄釉三类。

1. 透明釉

6件。根据柄身是否有凹槽，分为二型。

A型　5件。柄身微凹。H2∶121，略残。白胎，通体施透明釉，釉色呈蛋壳青色。可分为匙柄和匙身两部分，匙柄两端粗，中间细，柄身微有凹槽，匙柄末端浅塑一莲蓬，匙身斜壁较陡直，匙体较深，匙尾略尖，底部弧平。通宽3.6、通长12.2厘米（图三〇，2；图版三七，6）。

B型　1件。柄身表面平。采集：59，白胎，通体施透明釉。可分为匙柄和匙身两部分，匙柄残断，匙柄与匙身连接处略宽，柄表面平，无凹槽，匙身斜壁弧圆至匙底，匙底较平。通宽3.8、残长8.6厘米（图三一，1；图版三八，1）。

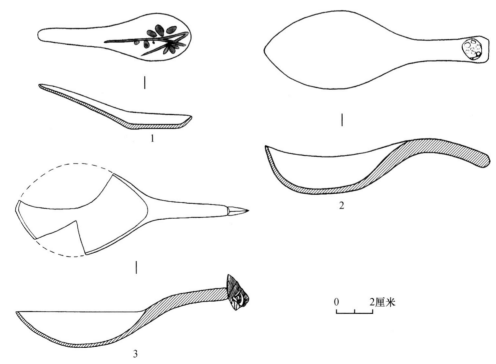

图三〇　瓷汤匙

1. A型釉上彩汤匙（采集：163）　2. A型透明釉汤匙（H2∶121）　3. 黄釉汤匙（采集：113）

2. 釉上彩

8件。根据柄身的弧、直程度以及匙末形制的不同，分为三型。

A型 5件。柄身直，匙末端圆。

4件，匙身彩绘枝叶纹较纤细。采集：42，略残。白胎，通体施透明釉。可分为匙柄和匙身两部分，匙柄顶部圆，柄身直，中间呈凹槽状，匙身斜壁较陡直，底部平，匙尾圆。匙身釉上彩绘枝叶纹，彩已脱落。通宽3.6、通长10.1厘米（图三一，4；图版三八，2）。

1件，匙身彩绘枝叶纹较粗大。采集：163，完整。白胎，通体施透明釉。可分为匙柄和匙身两部分，匙柄末端细，顶部圆，与匙身连接处略宽，柄呈凹槽状，匙身斜壁较陡直，底部较平，匙尾圆。匙身以金、褐色彩绘枝叶纹。通宽2.7、通长8.9厘米（图三〇，1；图版三八，3）。

B型 1件。柄身曲，呈弧形。采集：84，残。白胎，通体施透明釉。可分为匙柄和匙身两部分，匙柄顶部圆，与匙身连接处略宽，柄表面平无凹槽，弯曲弧度较大，匙柄末端浮塑花卉纹饰，釉上设青绿色，匙身斜壁较陡直，底部较平。匙柄、匙身的釉上以矾红、青绿等色绘鱼藻纹，鱼以红色勾勒轮廓，头部、身体两侧以绿色填涂。残宽3.6、残长9.2厘米（图三一，2；图版三八，4）。

C型 2件。匙末端尖，柄身直。T2①：8，完整。白胎，通体施透明釉，釉色呈鸭蛋青色。可分为匙柄和匙身两部分，匙柄末端细，顶部平，与匙身连接处略宽，柄呈凹槽状，匙身斜壁较陡直，匙尾略尖，底部较平，中央凸起。匙柄和匙身釉上以金、黄、绿等色绘花草、水禽纹饰。通宽4.5、通长9厘米（图三一，3；图版三八，5）。

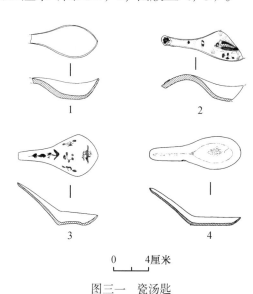

图三一 瓷汤匙

1. B型透明釉汤匙（采集：59） 2. B型釉上彩汤匙（采集：84） 3. C型釉上彩汤匙（T2①：8） 4. A型釉上彩汤匙（采集：42）

3. 黄釉

5件。均残。采集：113，灰白胎，通体施黄釉。可分为匙柄和匙身两部分，匙柄末端细，贴塑一蝉立于其上，头部朝后，身体刻划细密羽纹，与匙身连接处宽，表面平无凹槽，匙身斜壁，弧形底。通宽5、通长12.6厘米（图三〇，3；图版三八，6）。

二、壶

10件。根据釉色的不同，可以分为透明釉、釉上彩、青花三类。

1. 透明釉

3件。根据整体造型的不同，分为二型。

A型　2件。壶身最宽处在肩部。采集：40，壶身完整，壶盖无存。白胎，通体施透明釉。直口，圆唇，圆腹，带状曲把，表面连珠状凸起，顶部平，与曲把对应的部位置流，流顶部高于把，流略呈反"S"形，中空，高圈足，底部平，足墙略收。口径6.5、底径5.8、高10.6厘米（图三二，2；图版三八，7）。

B型　1件。壶身最宽处在腹部。采集：41，略残，壶盖无存。白胎，通体施透明釉。直口，圆唇，圆腹，带状曲把，与曲把对应的部位置流，把与流均略高于口沿，流略呈反"S"形，末端残，中空，高圈足，底部平，足墙略外侈。口径4.5、底径5.8、高7.4厘米（图三二，1；图版三八，8）。

2. 釉上彩

6件。根据腹部的不同，分为三型。

A型　4件。斜肩，直腹。采集：92，基本完整。白胎，通体施透明釉。壶盖圆形，略残，桃状纽，表面分两层，内层高，以金色在釉上书四字，现已漫漶难辨，纽旁穿一孔，孔径0.4厘米。器身直口，圆唇，腹较直，高圈足，内底平，足墙略收。带状曲把，与曲把对应的部位置流，流顶部高于把，流略呈反"S"形，中空。腹部以流、把为轴线分两部分，一部分以墨色横书四字，自右向左为"可以清心"，行书。另一部分釉上绘花叶纹，枝干、叶子以青绿色晕染，略勾叶脉。花以红色填涂，左侧以红色为地，留空一圆形，作朝日。盖径5厘米，器身口径5.3、底径5.8、高10.6厘米（图三二，4；图版三九，1、2）。采集：140，完整。白胎，通体施透明釉。壶盖圆形，略残，桃状纽，表面分两层，内层高，以金色在釉上书四字，现已漫漶难辨，纽旁穿一孔，孔径0.4厘米。器身直口，圆唇，纵长圆形腹，高圈足，内底平，足墙略收。带状曲把，与曲把对应的部位置流，流顶部高于把，流略呈反"S"形，中空。腹部以流、把为轴线分两部分，一部分以墨色横书四字，自右向左为"可以清心"，行书。另一部分釉上绘花叶纹，枝干、叶子以青绿色晕染，略勾叶脉。花以红色填涂，左侧留空一圆形，作朝日。盖径4.8厘米，器身口径5.6、底径5.5、高10.7厘米（图三二，3；图版三九，3、4）。采集：141，完整。白胎，通体施透明釉。壶盖圆形，略残，珠形纽，表面分两层，内层高，以金色在釉上书四字，现已漫漶难辨，纽旁穿一孔，孔径0.4厘米。器身直口，圆唇，纵长圆形腹，高圈足，内底平，足墙略收。带状曲把，与曲把对应的部位置流，把顶尖，流顶部高于把，流略呈反"S"形，中空，一侧绘卷草纹。腹部以流、把为轴线分两部分，一部分以墨色横书四字，自右向左为"可以清心"，行书。另一部分釉上绘花叶纹，枝干、叶子

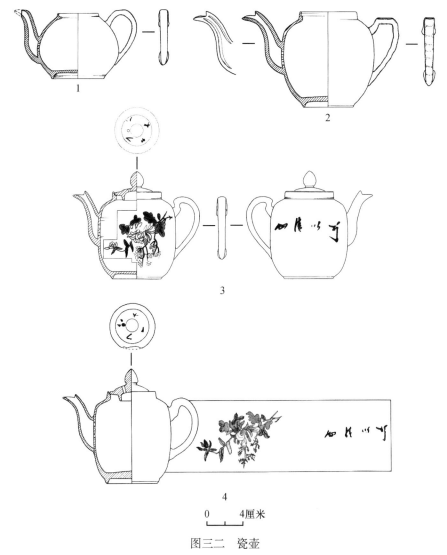

图三二　瓷壶

1.B型透明釉壶（采集：41）　2.A型透明釉壶（采集：40）　3、4.A型釉上彩壶（采集：140、采集：92）

以青绿色晕染，略勾叶脉。花以红色填涂，左侧以红色绘一太阳，中间绘一横向云纹。盖径4.5厘米，器身口径5.5、底径5.5、高10.7厘米（图三三，1；图版三九，5、6）。采集：143，完整。白胎，通体施透明釉。壶盖圆形，略残，珠形钮，表面分两层，内层高，以金色在釉上书四字，现已漫漶难辨，钮旁穿一孔，孔径0.4厘米。器身直口，圆唇，纵长圆形腹，高圈足，内底平，足墙略收。带状曲把，与曲把对应的部位置流，流顶部高于把，流略呈反"S"形，中空，一侧绘卷草纹。腹部以流、把为轴线分两部分，一部分以墨色横书四字，自右向左为"可以清心"，行书。另一部分釉上绘花叶纹，枝干、叶子以青绿色晕染，略勾叶脉。花以红色填涂，左侧以红色为地，留空一圆形，作朝日，两侧略绘两条直线。盖径4.4厘米，器身口径5.5、底径5.5、高10.7厘米（图三三，2；图版四〇，1~3）。

B型　1件。丰肩，弧腹。采集：93，完整。白胎，通体施透明釉。壶盖圆形，表面平，中间镂空两个杏仁状孔以为提把，两孔底部相通，釉上以青色书"吉羊"二字，行书。直口，圆唇，直颈，腹部纵长圆形，圈足，内底平，足墙略收。带状曲把，与曲把对应的部位置流，

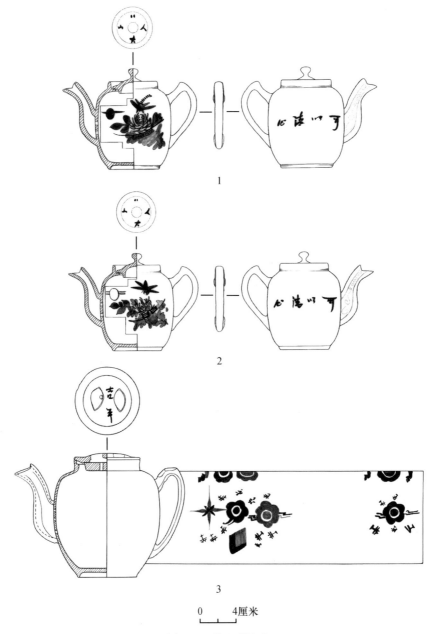

图三三　釉上彩瓷壶
1、2. A型（采集：141、采集：143）　3. B型（采集：93）

流顶部高于把，流略呈反"S"形，中空。腹部以流、把为轴线分两部分，一部分在腹部、肩部各绘一花卉，花瓣五瓣，以绿色水波纹或方块装饰左右，腹部花瓣上下以黑色和绿色绘数只蜻蜓，较为写意。另一部分也绘五瓣花，数量增加，肩部和腹部各二，腹部左端红色绘"十"字形长瓣花，其间以绿色小叶间隔。蜻蜓数量增加，中部下方绘一平行四边形，以黑、绿、红三色装饰。底部正中在釉上以红色绘椭圆形底款，内容已漫漶难辨。盖径7.1厘米，器身口径7.1、底径6.6、高13.5厘米（图三三，3；图版四〇，4～6）。

C型　1件。斜折肩，直筒腹。采集：144，壶身略残，壶盖无存。白胎，通体施透明釉。

直口，圆唇，斜肩，肩上立两系，"M"形，各开两个圆形系孔，直腹，底部略弧收，圈足，足墙厚。一系下设流，嘴残，流略呈反"S"形，中空。腹部以流、系为轴线分两部分，一部分以墨色横书四字，自右向左为"可以清心"，行书。另一部分釉上绘花叶纹，枝干、叶子以青绿色晕染，略勾叶脉。口径8、底径11.4、高13厘米（图三四，1；图版四一，1、2）。

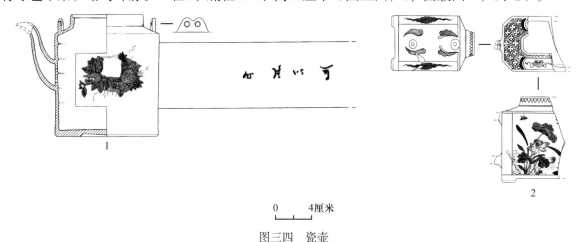

0 ⊢——— 4厘米

图三四　瓷壶

1.C型釉上彩壶（采集：144）　　2.青花壶（H2：42）

3. 青花

1件。H2：42，残，壶盖无存。白胎，通体施透明釉。敛口，圆唇，口沿呈八角形，表面装饰一周锯齿纹，斜肩，左右装饰方格纹，方格中填青花四叶草纹。上下开光，青花绘变体蝙蝠纹。把残断，于壶身接口两侧青花绘叶脉纹。直腹。流已无存。每个角作一倭形支撑，内底平。腹部主要部分青花绘荷花、莲叶、菖蒲等，刻画平行水波纹。莲叶上飞蝴蝶，次要部分青花绘卷云纹。残宽6.8、残高9厘米（图三四，2；图版四一，3、4）。

三、盏

5件。均为青釉。根据器形的不同，分为三型。

A型　1件。折沿，折腹。T1J1：3，完整。白胎，青釉，内施满釉，外部仅口沿处施釉。侈口，尖唇，折腹，饼足。器内饰一周弦纹，盏心有三个支钉痕。口径10.4、底径4.2、高2.8厘米（图三五，1；图版四一，5、6）。

B型　2件。敞口，弧腹。G2⑦：4，残。红胎，青黄釉，内施满釉，外壁施釉不及底。敞口，尖唇，斜弧腹，饼足。内底阳印一"吉"字。口径10.8、底径4.3、高4.2厘米（图三五，4；图版四二，1）。

C型　2件。束颈，弧腹。T2⑤：12，残。灰胎，青釉，内施全釉，外施半釉。侈口，尖唇，束颈，弧腹，圈足。内底残留两个支钉痕。口径12.6、底径5.6、高5厘米（图三五，2；图版四二，2）。

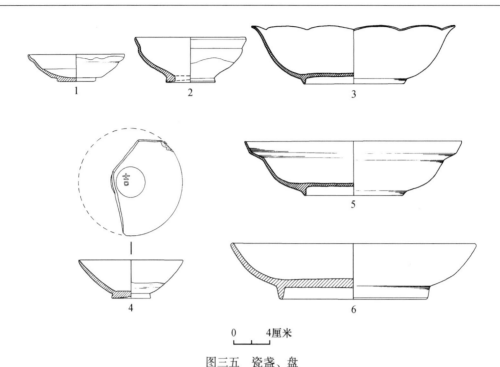

图三五　瓷盏、盘

1. A型盏（T1J1：3）　2. C型盏（T2⑤：12）　3. C型透明釉盘（采集：35）　4. B型盏（G2⑦：4）

5. B型透明釉盘（采集：36）　6. A型透明釉盘（WJ：21）

四、盘

30件。根据釉色的不同，可分为透明釉、青花、釉上彩三类。

1. 透明釉

24件。根据口部的不同，分为三型。

A型　1件。敞口。WJ：21，略残。灰胎，通体有细小开片。敞口，圆唇，弧腹，圈足，外底平。外底有七个褐色支烧痕。口径26.5、底径16、高6厘米（图三五，6；图版四二，3、4）。

B型　9件。折沿口。采集：36，略残。白胎。折沿口，圆唇，弧腹，圈足，足梢尖，外底平。口径24.3、底径11.1、高6.5厘米（图三五，5；图版四二，5、6）。

C型　14件。花口。采集：35，完整。白胎。侈口，口沿呈十瓣花状，尖唇，弧腹，圈足，足墙内敛，底平。口径22.3、底径10.3、高6.6厘米（图三五，3；图版四三，1、2）。

2. 青花

4件。根据口沿、腹部的不同，分为二型。

A型　2件。敞口，弧腹。采集：147，残。胎质细白。敞口，口沿向下弯折，圆唇，弧腹，圈足，底平。内外壁绘青花龙纹，遍体龙鳞密集，龙趾细长，龙身绕以祥云，内壁绘细火纹。口径29、底径19.2、高6厘米（图三六，2；图版四三，3、4）。

0 4厘米

图三六 瓷盘

1.釉上彩盘（采集：145）　2.A型青花盘（采集：147）　3、4.B型青花盘（H2：119、WJ：4）

B型 2件。侈口，折腹。纹饰不同。WJ：4，残。胎质细白。侈口，尖唇，折腹，高圈足，外底略下凸。内壁以青花为地，折腹以上以蓝地扇形开光装饰，四个开光内青花绘兰花。内底为柿蒂形开光，内以青花绘兰草纹。口径19.4、底径7、高8.5厘米（图三六，4；图版四三，5）。H2：119，残。胎质细白。侈口，尖唇，弧腹，高圈足，足墙内敛，外底略下凸。内壁以青花在口沿、折沿及底部各饰弦纹。口沿至折腹间锦地鼓形开光装饰，三处开光内青花绘兰花纹。内底绘方框花草纹为饰。外壁折腹之上线描折枝纹及"卍"字纹各四处，间隔分布。折腹下缘饰一周线描仰莲瓣纹。口径20、底径6.5、高7.5厘米（图三六，3；图版四四，1~3）。

3. 釉上彩

2件。采集：145，残。白胎，通体施透明釉。敞口，呈十瓣花瓣状，尖唇，弧腹，圈足，足稍尖，外底平。内壁绘一枝梅花，沿口沿呈弧形延伸1/3的盘面。与梅枝相对的另一边盘壁自右向左墨书文字，现仅存"味在其"三字，隶书。外底写"德昌祥瓷号造"，行书自右向左两行三列。口径22.7、底径9、高6.2厘米（图三六，1；图版四四，4、5）。

五、钵

6件。均为青釉。根据口沿的不同，分为三型。

A型 3件。敞口。根据腹部弧直程度的不同，分为二亚型。

Aa型 2件。腹部略斜直。T1H9：4，残。灰白胎，釉已脱落。敞口，圆唇，弧腹，平底。口径13、底径4、高6.2厘米（图三七，3；图版四四，6）。

Ab型 1件。腹部弧圆。T2H17：3，残。白胎，青釉，内施满釉，外施半釉。敞口，圆唇，弧腹，平底微内凹。口沿外饰弦纹一周，外腹中上部饰弦纹一周，碗心饰弦纹两周。口径13、底径6.3、高6.1厘米（图三七，2；图版四三，6）。

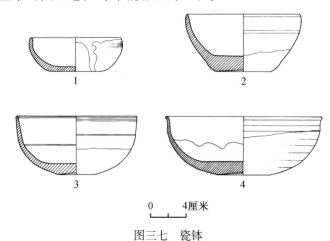

0   4厘米

图三七 瓷钵

1. B型（T1H15：1） 2. Ab型（T2H17：3） 3. Aa型（T1H9：4） 4. C型（T1H14：3）

B型　1件。敛口。T1H15：1，残。灰胎，青釉，器内及口沿下一周施釉。口微敛，圆唇，斜腹，平底。口径9.5、底径5.7、高3.6厘米（图三七，1；图版四五，1、2）。

C型　2件。侈口。T1H14：3，残。灰白胎，釉色青黄，内施釉不及底，外仅口沿施釉一周。侈口，圆唇，弧腹，平底微内凹。口径17.3、底径5.2、高5.9厘米（图三七，4；图版四五，3、4）。

六、器　　盖

28件。根据釉色的不同，可分为黄釉、透明釉、青花、釉上彩等四类。

1. 黄釉

1件。采集：79，完整。白胎，器里露胎，表面施黄釉。子口，盖面拱曲，球形纽，表面模印五个螺旋状纹饰，边缘呈齿轮状，其中两个螺旋纹饰间置一透气孔。盖径6、子口径4、高3.8厘米（图三八，5；图版四五，5）。

2. 透明釉

13件。根据纽形状的不同，分为六型。

A型　2件。圆纽。DM：1，残。灰白胎，通体施透明釉。母口，盖面下凹，边缘翘起，盖面中央置一圆纽。盖径4.7、子口径3、高1.5厘米（图三八，1）。

B型　1件。双桃纽。采集：39，完整。白胎，器里露胎，表面施透明釉。子口，盖面拱曲，边缘宽平，双桃形纽，两侧各有一半环形系。盖径15.2、子口径11、高4.6厘米（图三八，6；图版四五，6）。

C型　2件。球形纽。采集：74，完整。白胎，器里露胎，表面施透明釉。子口，盖面弧度较平，球形纽，纽旁置一透气孔。盖径5.7、子口径4、高3.9厘米（图三八，2；图版四六，1）。采集：77，完整。白胎，器里露胎，表面施透明釉。子口，盖面拱曲，分内、外两层，内层略高，球形纽。盖径7.7、子口径6、高4.3厘米（图三八，4；图版四六，2）。

D型　6件。单桃形纽。采集：75，完整。白胎，器里露胎，表面施透明釉。子口，盖面拱曲，边缘上翘，桃形纽，纽旁置一透气孔。盖径6.3、子口径4.2、高4.1厘米（图三八，3；图版四六，3）。采集：76，完整。白胎，器里露胎，表面施透明釉。子口，盖面拱曲，分内、外两层，内层略高。盖径7.8、子口径6.2、高4.1厘米（图三九，1；图版四六，4）。

E型　1件。凹形纽。采集：78，完整。灰白胎，通体施透明釉。子口，器盖表面弧平，边缘微上翘，中空，中央开两个杏仁状开口作为提纽，下方与盖腔通，子口平底。盖径7.7、子口径5.7、高1.9厘米（图三九，4；图版四六，5）。

F型　1件。无纽。采集：124，略残。白胎，内外通体施透明釉。子口，盖面斜曲，无纽。盖径6.3、子口径6、高1.4厘米（图三九，2；图版四六，6）。

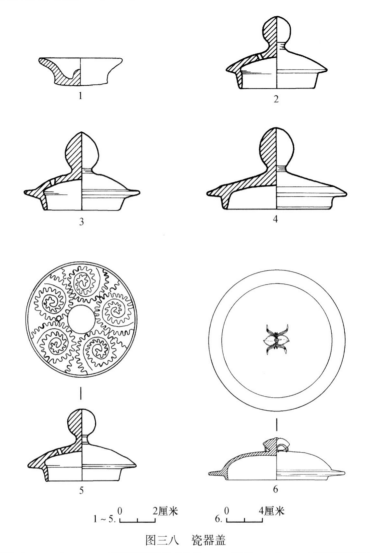

图三八　瓷器盖

1.A型透明釉器盖（DM：1）　2、4.C型透明釉器盖（采集：74、采集：77）　3.D型透明釉器盖（采集：75）

5.黄釉器盖（采集：79）　6.B型透明釉器盖（采集：39）

3.青花

5件。根据顶部及纽的不同，分为三型。

A型　1件。凹顶无纽。采集：152，残。灰白胎，内不施釉。子口，盖面平，边缘上翘，无纽。盖面边缘青花装饰一周锯齿形图案，其下青花饰一周弦纹，内部青花绘瑞草纹。盖径5.6、子口径4、高1厘米（图三九，3；图版四七，1）。

B型　3件。平顶无纽。采集：23，残。器里露白胎，施透明釉。子口，表面平，中央微隆起，边缘出沿。盖面边沿青花饰一周弦纹。盖面青花写"喜"字，楷书。盖径11.7、高2.5厘米（图四〇，1）。DG2①：3，残。白胎，通体施透明釉。母口，盖面平。边缘以青花绘弦纹两周，弦纹内残存青花凤形图案，凤双翅张开，凤羽细绘，身体表面龙鳞状，上下辅以火纹、云纹。立面饰"法轮纹""云纹"各一，其余不详，似为"八吉祥"图案。盖径11.2、高3.6厘米（图四〇，2；图版四七，2、3）。H2：76，残。白胎，口沿内壁下方不施釉，其余施透明

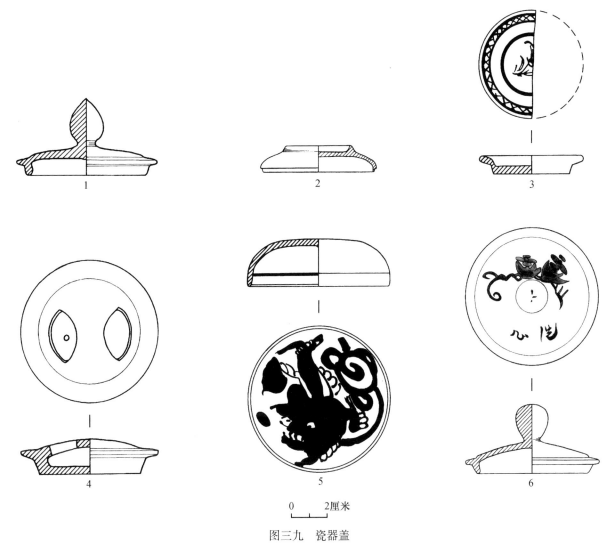

图三九　瓷器盖

1. D型透明釉器盖（采集：76）　2. F型透明釉器盖（采集：124）　3. A型青花器盖（采集：152）　4. E型透明釉器盖
（采集：78）　5. C型青花器盖（H2：96）　6. A型釉上彩器盖（采集：125）

釉。母口，盖面平。盖面边缘青花绘弦纹两周，弦纹内青花书一周变体"寿"字。立面上下饰弦纹，上方弦纹下青花绘莲瓣纹一周，叶尖朝下。盖径12.4、高4.4厘米（图四〇，3；图版四七，4、5）。

C型　1件。圆弧顶无纽。H2：96，略残。灰胎，除口沿内一周不施釉外，内外均施透明釉。母口，盖面中部较平，外缘弧，无纽。盖面以青花绘制狮子图案。盖径7.8、高2.5厘米（图三九，5；图版四八，1、2）。

4. 釉上彩

9件。根据纽形状的不同，分为七型。

A型　2件。球形纽。采集：125，完整。白胎，器里露胎，表面施透明釉。子口，盖面弧度较平，边缘窄而平，球形纽，顶部以蓝釉绘"十"字形。表面一侧墨书"洗心"二字，

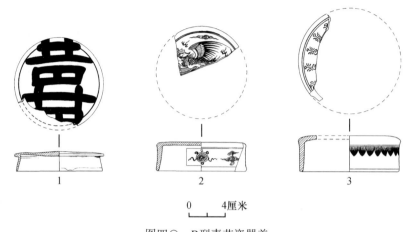

图四〇　B型青花瓷器盖
1．采集：23　2．DG2①：3　3．H2：76

行书。另一侧以绿、粉等色绘缠枝花卉纹。盖径7.7、子口径6.1、高3.8厘米（图三九，6；图版四八，3）。

B型　1件。八面形纽。采集：126，完整。白胎，器里露胎，表面施透明釉。子口，盖面弧度较平，边缘窄，略斜，顶部平，以蓝釉绘"十"字形。表面一侧墨书"洗心"二字，行书。另一侧以绿、粉等色绘缠枝花卉纹。盖径8、子口径5.8、高4.5厘米（图四一，2；图版四八，4）。

C型　1件。桃形纽。XJ：7，略残。白胎，除子口为不施釉的涩圈外，内外施透明釉。子口，盖面弧度曲，边缘窄，略斜，桃形纽，顶部尖，盖面置一透气孔。表面墨书"尤片冰心"四字，对读，行书。盖径7、子口径4.8、高4.6厘米（图四一，1；图版四八，5）。

D型　1件。多曲形纽。采集：121，略残。白胎，通体施透明釉。子口，器盖略呈横长方形，各边均以两道弧边组成，器盖中央横四边形微微凸起，中部置桥下纽，已残断。纽的两端墨书"吉羊"二字，楷书。"吉羊"二字左边自右向左墨书"八大山人"四字，行书；右边以红、绿、黄等色绘牡丹花叶纹。字、画均为釉上彩。长11.5、宽9.2、高2.7厘米（图四一，5；图版四八，6）。

E型　2件。无纽。采集：85，残。白胎，除口沿内一周不施釉外，通体施透明釉。母口，盖面平。盖面边缘青花饰弦纹两周，内以红彩线绘席纹。盖面中部以红、绿、黑等色在釉上绘制建筑、绿叶、花卉等图案。盖径10、高1.9厘米（图四一，4；图版四七，6）。

F型　1件。桃形仿生纽。采集：157，残。白胎，通体施透明釉。纽为桃形仿生设计，盖面内部平缓，外部陡直，旁饰桃枝。表面以黄、红、黑等彩绘文房情景。左侧绘一花瓶，方口、丰肩、细足，内插梅枝，其上梅花绽放。右侧似有案几，上置书籍。其间墨书"仿元章法"四字，行草。盖径7.6、高3.8厘米（图四一，3；图版四九，1）。

G型　1件。柱状纽。WJ：24，残。白胎，内外施透明釉，呈蛋壳青色。盖沿圆唇，盖身弧圆，空心，顶平。纽内青花绘方形框，内绘花押。盖面以白、红、赭等色绘缠枝花卉纹。盖径10、高3.3厘米（图四一，6；图版四九，2）。

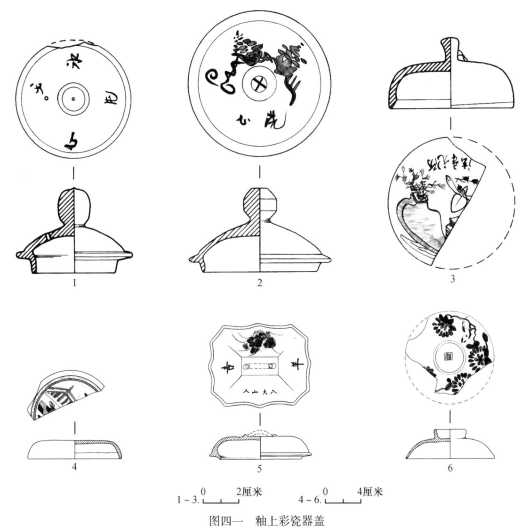

图四一　釉上彩瓷器盖

1. C型（XJ：7）　2. B型（采集：126）　3. F型（采集：157）　4. E型（采集：85）　5. D型（采集：121）
6. G型（WJ：24）

七、杯

213件。根据釉色的不同，可分为青釉、蓝釉、矾红釉、透明釉、白釉、青花、釉上彩等七类。

1. 青釉

7件。根据口沿的不同，分为二型。

A型　5件。敛口。根据内底弧平程度的不同，分为二亚型。

Aa型　2件。内底较平。T2⑨：1，残。灰红胎，青釉，釉已脱落。敛口，尖唇，弧腹，饼足内凹，足墙略外撇，足底边缘旋削一周。口径8.6、底径3.4、高5.4厘米（图四二，12；图版四九，3、4）。T1H9：3，残。灰白胎，青釉，内施满釉，外施半釉。敛口，圆唇，深弧腹，饼足内凹，足墙略外撇，足底边缘旋削一周。口径8.4、底径3.2、高6.2厘米（图四二，11；图版四九，5、6）。

Ab型　3件。底心下凹。T2⑨：2，略残。红胎，青釉，内施满釉，外施半釉。敛口，圆唇，弧腹，底心有一凹坑，饼足。口径8.2、底径3、高4.2厘米（图四二，10；图版五〇，1、2）。G1⑧：2，残。器底红胎，器身灰胎，青釉，釉多脱落，内施满釉，外施半釉。敛口，圆唇，弧腹，底心下凹，饼足，足墙外侈。口径8.2、底径3.1、高4厘米（图四二，9；图版五〇，3）。G3①：4，残。灰胎，青黄釉，内施满釉，外壁施釉不及底。敛口，圆唇，弧腹，内底下凹，饼足，足墙外侈。口径8.6、底径2.8、高4厘米（图四二，8；图版五〇，4）。

B型　2件。侈口。H4：3，残。灰红胎，青釉，釉色较深，内施满釉，外施半釉。侈口，尖唇，弧腹，饼足。口径7.5、底径2.7、高3.4厘米（图四二，6；图版五〇，5、6）。

2. 蓝釉

3件。根据口沿的不同，分为二型。

A型　2件。侈口。采集：151，残。灰白胎，内施透明釉，外施蓝釉。侈口，圆唇，弧腹，圈足，足墙微内收，底部平。口径6、底径2.8、高2.5厘米（图四二，3；图版五一，1）。WJ：34，残。灰白胎，内施透明釉，口沿及底心施浅蓝釉，外施蓝釉。侈口，圆唇，弧腹，圈足，足墙厚，足墙微内收，底部平。口径4.8、底径2.2、高2.5厘米（图四二，1；图版五一，2）。

B型　1件。折沿。G3③：15，残。白胎，内壁及外底施透明釉，外壁施蓝釉。折沿，圆唇，斜直腹，高圈足，足稍尖，底平。釉上以金彩于口沿外缘绘"回"字纹一周。外壁所绘图案磨损较多，余一只蚱蜢较清晰。口径9.8、底径4.4、高6厘米（图四三，1；图版五一，3）。

3. 矾红釉

1件。采集：161，残。灰白胎，涩口，通体施透明釉，外壁透明釉上再施矾红釉，多有磨耗，露出釉底。敞口，尖唇，弧腹，圈足，底部微下凸。口径5.2、底径2.8、高3.9厘米（图四二，7；图版五一，4）。

4. 透明釉

8件。根据足部高低的不同，分为二型。

A型　2件。高足杯。造型基本一致，大小不同。T2①：5，略残。灰胎，通体施透明釉，圈足末端不施釉。侈口，尖唇，弧腹，高圈足呈上小下大的把状，中空，内底平。口径12、底径4.5、高9.8厘米（图四三，2；图版五一，5、6）。T2①：11，残。灰胎，内外施透明釉，釉已脱落。侈口，尖唇，弧腹，高圈足呈上小下大的把状，中空，内底平。口径13.2、底径4.1、高9.8厘米（图四三，3；图版五二，1、2）。

B型　6件。矮圈足。根据口沿的不同，分为二亚型。

Ba型　2件。敞口。XJ：15，残。灰白胎，涩口，内壁、外底均施透明釉，足墙下半部分不施釉。敞口，方唇，弧腹，圈足，足梢尖，底部平。口径4.5、底径2、高2.8厘米（图四二，2；图版五二，3）。

Bb型 4件。侈口。WJ：19，残。灰白胎，内外均施透明釉。侈口，圆唇，弧腹，圈足与腹部平齐，底部微下凸。外侧底部绘一方形底款，似"四"字。口径4.8、底径2.1、高2.6厘米（图四二，5；图版五二，4）。

5. 白釉

4件。根据口部的不同，分为二型。

A型 2件。敛口。采集：72，完整。白胎，口沿里外及外腹部以上施白釉。敛口，方唇，鼓腹，圜底。口径2.9、高4.5厘米（图四二，4；图版五二，5）。采集：73，完整。白胎，口沿里外及外腹部以上施白釉。敛口，方唇，鼓腹，圜底。口径2.4、高3.7厘米（图四四，1；图版五二，6）。

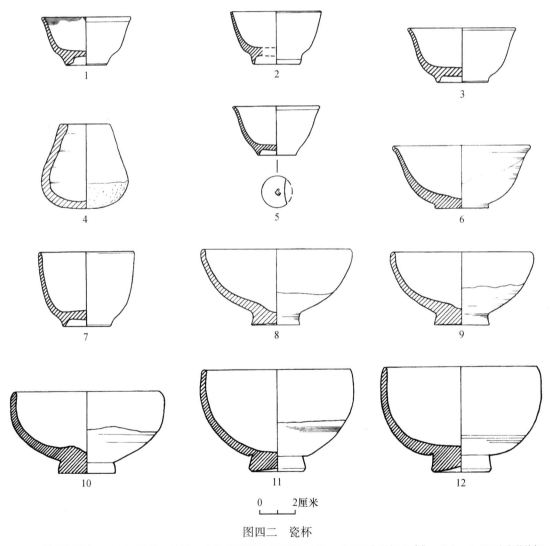

图四二 瓷杯

1、3.A型蓝釉杯（WJ：34、采集：151） 2.Ba型透明釉杯（XJ：15） 4.A型白釉杯（采集：72） 5.Bb型透明釉杯（WJ：19） 6.B型青釉杯（H4：3） 7.矾红釉杯（采集：161） 8～10.Ab型青釉杯（G3①：4、G1⑧：2、T2⑨：2）
11、12.Aa型青釉杯（T1H9：3、T2⑨：1）

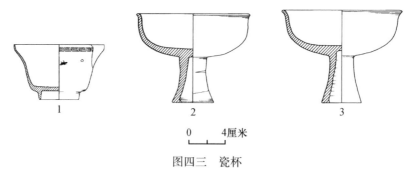

0　　　4厘米

图四三　瓷杯

1. B型蓝釉杯（G3③：15）　　2、3. A型透明釉杯（T2①：5、T2①：11）

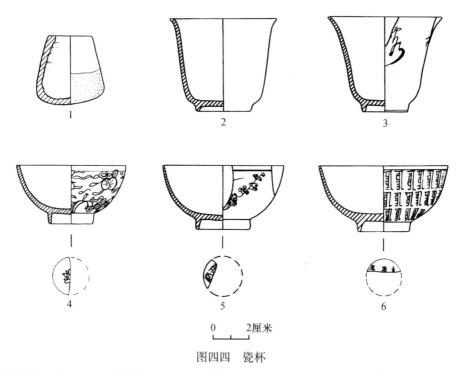

0　　2厘米

图四四　瓷杯

1. A型白釉杯（采集：73）　　2、3. B型白釉杯（XJ：13、采集：142）　　4～6. Aa型青花杯（G2①：1、采集：132、H2：102）

B型　2件。侈口。采集：142，残。白胎，内外均施白釉。侈口，尖唇，弧腹，内底平，圈足。釉上墨书文字，现仅余"客□"二字。口径6.2、底径2.2、高5厘米（图四四，3）。XJ：13，残。白胎，内外均施白釉。侈口，尖唇，腹部较陡直，圈足，底部平。口径5.6、底径2.8、高4.9厘米（图四四，2）。

6. 青花

169件。根据口沿的不同，分为二型。

A型　116件。敞口。根据腹部的不同，分为三亚型。

Aa型　7件。敞口较大，腹部弧圆。采集：132，残。白胎，敞口，尖唇，弧腹，圈足，足墙微侈，足梢经旋削，底部平。外壁口沿下方饰青花弦纹一周，弦纹之下青花绘迎春花一枝。足墙顶部饰青花弦纹一周。外底饰青花弦纹一周，内有青花底款，残存少许文字，篆书，内容难辨。口径5.8、底径2.6、高3.4厘米（图四四，5）。H2：102，残。白胎。敞口，圆唇，弧腹，圈足，底部下弧。外壁口沿下方及圈足顶部各饰青花弦纹一周，两周弦纹之间青花绘三周梵文，布满器身。外底饰青花弦纹一周，中央青花书写年款，现仅余"大""雍""年"三字，楷书。口径7、底径2.7、高3.3厘米（图四四，6；图版五三，1）。G2①：1，残。白胎。敞口，圆唇，弧腹，圈足，外底平。外壁上方青花绘法螺、宝伞等八吉祥图案，八吉祥图案下方青花绘缠枝花卉纹。外底饰青花弦纹一周，其内残存少许青花线绘朵花。口径6、底径2.3、高3.2厘米（图四四，4；图版五三，2）。H2：34，略残。白胎。敞口，圆唇，弧腹，圈足。外壁口沿下方和足墙顶部各饰青花弦纹一周，两周弦纹之间青花线绘缠枝花卉纹，花叶及花瓣双线勾勒。外底饰青花弦纹一周，其内青花书写"大清雍正年制"，纵向两列，隶书。口径6.8、底径2.6、高3.5厘米（图四五，2；图版五三，3）。H2：35，残。白胎。敞口，圆唇，弧腹，圈足，足墙略内收，底部下凸。外壁口沿下饰青花弦纹一周，弦纹下青花绘松枝，松枝下方青花绘梅花鹿一只，鹿右前肢前伸，其余微屈，身上较多点纹。外底饰青花弦纹一周，其内书写"大清雍正年制"，纵向三列，自右向左，每列两字，楷书。口径6.9、底径2.5、高3.6厘米（图四五，4；图版五三，4）。H2：103，残。白胎。敞口，圆唇，弧腹，圈足，足梢尖。口沿外及足墙顶部饰青花弦纹一周，弦纹下青花涂绘牡丹数朵。内底饰青花弦纹一周。口径7、底径3.3、高3.6厘米（图四五，5；图版五三，5）。H2：105，残。白胎。敞口，尖唇，弧腹，圈足，足墙略外侈，底平。口沿外下缘饰青花弦纹一周。外壁残存青花绘缠枝菊纹。外底饰青花弦纹一周，残留少许底款，细节不明。口径6.4、底径2.5、高3.3厘米（图四五，6）。

Ab型　101件。敞口略小，腹部弧度小。T2②：1，残。灰白胎。敞口，尖唇，弧腹下垂，圈足，足墙微外侈，底部平。内底青花绘三点，呈"品"字形排列。外壁青花绘变体鱼纹、鸟纹，间以水藻。口径5.5、底径2.7、高3.6厘米（图四五，1）。采集：98，残。白胎。敞口，圆唇，弧腹，高圈足，足墙略外侈，足梢经旋削，底微下凹。口沿内外下缘各饰青花弦纹两周。内壁底部青花绘弦纹两周，其内青花绘花卉一枝。外壁青花绘凤鸟纹饰，头部残，背上羽毛鱼鳞状，尾羽长，一足落地支撑身体，一足缩于腹下。外底青花书写"美酒珍玩"四字，隶书。口径5.8、底径2.7、高4.5厘米（图四五，3；图版五三，6）。采集：136，残。白胎。敞口，尖唇，弧腹，高圈足，足墙外侈，底部平。外壁青花绘花卉纹饰。口径5.8、底径3.1、高4厘米（图四六，5）。G2H1：3，残。灰白胎。敞口，方唇，弧腹，高圈足，足墙外侈，底部平。口沿釉上饰以金线，外腹青花绘变体鱼纹、水藻纹，夹杂大小不一的圆点。口径5.3、底径2.5、高3厘米（图四六，6）。CQ①：6，残。胎白细腻。敞口，圆唇，弧腹，圈足，足墙外侈，足梢经旋削，弧底。外壁口沿下方及圈足顶部各饰青花弦纹一周，两周弦纹之间青花绘三周梵文，布满器身。外底饰青花弦纹一周，中央青花绘方形底款，其内文字难辨。口径5.6、底径2.5、高3.4厘米（图四六，2；图版五四，1）。G1③：1，残。白胎。敞口，圆唇，弧腹，高圈足，弧底。口沿内外下缘各饰青花弦纹两周。内底青花绘远山及水岸。外壁青花绘远山、水岸、水波纹、渔船等景物。足墙饰青花弦纹三周。外底绘一花押。口径5.5、底径2.7、高4.1厘米（图四六，8；图版五四，2）。H2：68，残。白胎。敞口，尖唇，弧腹，圈足，足墙外侈，外底平。外壁中上位置饰青花弦纹两周，将外壁分为上、下两部分。弦纹上

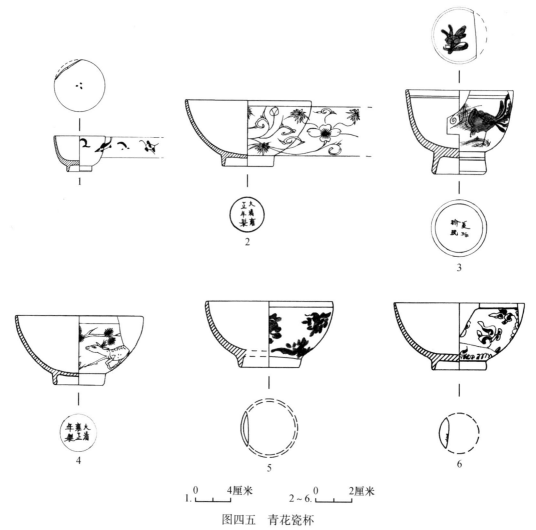

图四五　青花瓷杯
1、3.Ab型（T2②：1、采集：98）　2、4~6.Aa型（H2：34、H2：35、H2：103、H2：105）

方与口沿之间以青花鳞纹和花卉纹二方连续间隔分布装饰一周。弦纹下方青花线绘缠枝花卉枝叶。外底饰青花弦纹一周，正中绘方形底款，方框内书一"白"字，篆书。口径5.6、底径2.5、高3.3厘米（图四六，3；图版五四，3）。H2：66，残。灰白胎。敞口，圆唇，弧腹，高圈足，足墙外侈，外底平。口沿涂金色，口沿下方内外装饰青花弦纹两周。内底边缘处饰青花弦纹两周，内以青花涂一圆点。外壁绘缠枝纹，枝叶稀少，叶片向上延伸至口沿。足墙饰弦纹两周。口径5.4、底径2.5、高3.6厘米（图四六，4；图版五四，4）。CQ①：2，残。白胎。釉色泛青，足梢无釉。敞口，尖唇，弧腹，高圈足，外底心向下凸起。外壁青花绘枝叶纹，较疏朗，花叶多以圆点表现。口径5.4、底径2.5、高3.7厘米（图四六，1；图版五四，5）。H2：67，残。白胎。敞口，尖唇，圆腹，高圈足，足墙外侈，外底平。内底青花绘兰草纹饰。外壁青花涂绘兰草、兰花、蝴蝶等。口径5.6、底径2.5、高4.1厘米（图四六，9；图版五四，6）。H3：12，残。白胎，足梢无釉。敞口，圆唇，弧腹，圈足，外底平。口沿下内外各饰青花弦纹两周。内壁下方饰青花弦纹两周，底部中央青花绘方胜纹。外壁青花绘"寿"字纹、轮宝

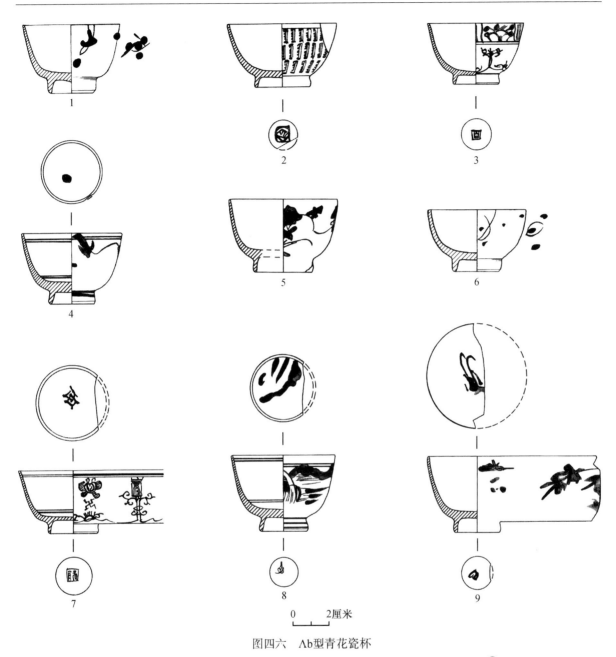

图四六　Ab型青花瓷杯

1. CQ①：2　2. CQ①：6　3. H2：68　4. H2：66　5. 采集：136　6. G2H1：3　7. H3：12　8. G1③：1　9. H2：67

"卍"字纹各三，相间分布。底部青花绘缠枝纹与主纹相联系。足墙顶部饰青花弦纹一周。外底青花绘方形印章，内书"禾自"二字，行书。口径6、底径2.7、高3.4厘米（图四六，7；图版五四，7）。采集：62，残。灰白胎，足梢无釉。敞口，口沿涂金色，圆唇，弧腹，圈足，圈足外侈，足梢经旋削，外底平。外壁青花涂绘缠枝纹。口径6.8、底径3、高4.2厘米（图四七，8；图版五四，8）。T1②：27，残。胎灰白，涩口，口沿涂金色。敞口，圆唇，弧腹，圈足，外底平。内底青花涂一不规则粗点。外壁腹部上方饰青花弦纹两周，弦纹之上、口沿下青花涂方圆形色块装饰。口径6.2、底径3.1、高3.9厘米（图四七，5）。T1①：28，残。灰白胎，涩口，口沿涂金色。敞口，圆唇，弧腹，圈足，外底平。内底青花涂一不规则粗点。外壁口沿下青花涂方圆形色块装饰。口径5.2、底径2.1、高3.1厘米（图四七，7）。采集：131，残。灰白胎，涩口，口沿一周涂赭色。敞口，圆唇，弧腹，圈足，外底平。外壁中央青花涂绘一周不规则色块装饰。口径5.4、底径2.6、高3.3厘米（图四七，3）。

　　Ac型　8件。腹壁斜直。H2：107，残。灰白胎。敞口，圆唇，斜直腹，高圈足，外底略向下凸。外壁口沿下方饰青花弦纹两周，其下可见四个青花变体"寿"字。口径7.4、底径2.8、高5厘米（图四七，9；图版五五，1）。XJ：12，残。灰白胎，口沿涂蓝釉。敞口，方唇，斜直腹，圈足，足梢玉环状。内壁底部饰青花弦纹两周，底部中心青花书写略呈"士"字图案。外壁弦纹上下青花绘缠枝花卉纹，较为简略。口径4.9、底径2.3、高2.6厘米（图四七，4；图版五五，3、4）。H2：98，残。灰黄胎，外底及足梢不施釉，器身釉色呈鸭蛋青。敞

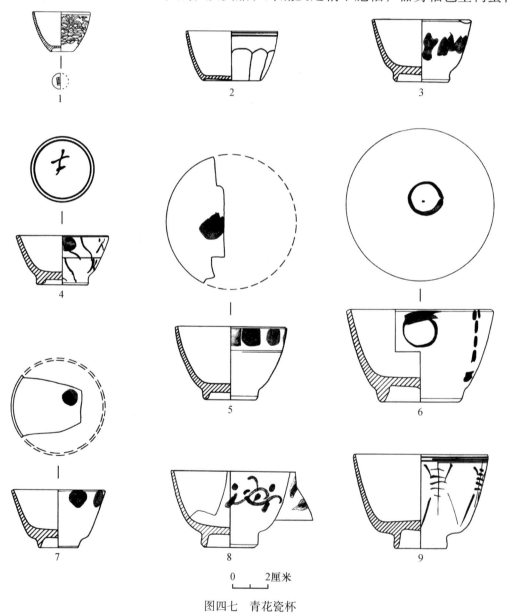

图四七　青花瓷杯

1、2、4、6、9. Ac型（WJ：10、ZC：2、XJ：12、H2：98、H2：107）　3、5、7、8. Ab型（采集：131、T1②：27、T1①：28、采集：62）

口，方唇，斜直腹，圈足。内底青花绘一圆形，中涂一点。外壁用长点将腹部三等分，每个区域中间在口沿下绘一空心圆形，圆形上半部分或顶部涂青花，较为写意。口径8.1、底径4.2、高5厘米（图四七，6；图版五五，5、6）。WJ：10，残。白胎。敞口，圆唇，斜直腹，卧足。外壁双线青花绘缠枝花卉纹，纹饰较密集。外底中央青花绘方形底款，内容难辨。口径3.2、底径1.6、高2.2厘米（图四七，1）。ZC：2，完整。灰白胎，涩口，外底及足梢无釉。敞口，尖唇，斜直腹，卧足。外壁口沿下方青花绘弦纹两周，外壁模印十二瓣花瓣。口径5、底径3.2、高2.6厘米（图四七，2；图版五五，2）。

　　B型　53件。侈口。H4：10，略残。白胎。侈口，圆唇，弧腹下垂，圈足，底平。口内外下缘饰青花弦纹两周。内底饰青花弦纹两周，内绘青花冰梅花一朵。外壁绘青花冰梅图案，腹底部饰青花仰莲纹一周。圈足外墙饰青花弦纹两周。外底饰青花弦纹两周，内书六字底款，自右向左为"大明成化年制"，两列，每列三字，楷体。口径8.3、底径3.5、高4.8厘米（图四八，4；图版五六，1～3）。H3：4，残。白胎。侈口，尖唇，弧腹下垂，圈足，底平。口沿内缘及底部饰青花弦纹两周，底部正中青花绘一变体"卍"字纹。外壁口沿下饰青花弦纹两周，下青花书五个变体"寿"字，均匀分布。近底部青花绘一周连续莲瓣纹，莲瓣表面绘竖向纹理。足墙饰青花弦纹两周。外底中心青花绘一方形直棂窗式底款。口径9.2、底径3.5、高4.5厘米（图四八，6）。DH2：75，残。白胎。侈口，尖唇，弧腹下垂，圈足，底平。口沿内缘及底部饰青花弦纹两周，底部正中青花绘一变体"卍"字纹。外壁口沿下饰青花弦纹两周，下青花书五个变体"寿"字，均匀分布。近底部青花绘一周连续莲瓣纹，莲瓣表面绘竖向纹理。足墙饰青花弦纹一周。外底绘一方形印章底款，内容难辨。口径6、底径2.5、高3.5厘米（图四八，3）。G3③：8，残。白胎，足梢无釉。侈口，尖唇，腹部斜直，圈足，足底尖，微内收，足梢经旋削。内外口缘下方各饰青花弦纹两周。内底饰青花弦纹两周，底部中央青花绘枝叶纹。外壁青花绘枝叶纹三处，各间以青花圆点，较为写意。足墙上饰青花弦纹两周。口径6.2、底径2.7、高3.6厘米（图四八，2）。WJ：16，残。白胎。侈口，圆唇，弧腹下垂，高圈足，足墙直，底平。外壁残存青花绘松树人物纹饰。外底青花绘吉祥结图案。口径9.2、底径3.3、高6.1厘米（图四八，1）。采集：34，残。白胎。侈口，尖唇，弧腹下垂，圈足，足墙直，底部平。口沿下方内外各饰青花弦纹两周。内壁底部饰青花弦纹两周，其内绘"卍"字纹。外壁青花绘八吉祥图案，其下青花线绘缠枝花卉纹。外底饰青花弦纹两周，其内青花绘方形印章，方框内文字难辨。口径6.6、底径2.7、高3.7厘米（图四九，3；图版五六，4～6）。H3：9，残。白胎。侈口，尖唇，弧腹，高圈足，外底略向下凸。口沿内外下缘各饰青花弦纹两周。内底饰青花弦纹两周，中心青花绘简约的款识，三个点呈"品"字形。外壁青花绘水岸树木景色。足墙饰青花弦纹两周。外底饰青花弦纹两周，内有方形印章款识，方框内书一"世"字。口径9.2、底径3.3、高4.9厘米（图四八，5）。G2②：2，残。胎极薄，质地细白。侈口，尖唇，弧腹下垂，高圈足，底部平。外壁青花绘山石及梅兰竹菊纹。外底饰青花弦纹两周，弦纹正中青花绘方形底款，内书"文州"二字。口径6.1、底径2.2、高4.1厘米（图四九，2；图版五七，1、2）。H4：9，口沿略残。白胎。侈口，圆唇，弧腹下垂，圈足，足墙直，外底平。口沿内外下缘各饰青花弦纹两周。内壁底部

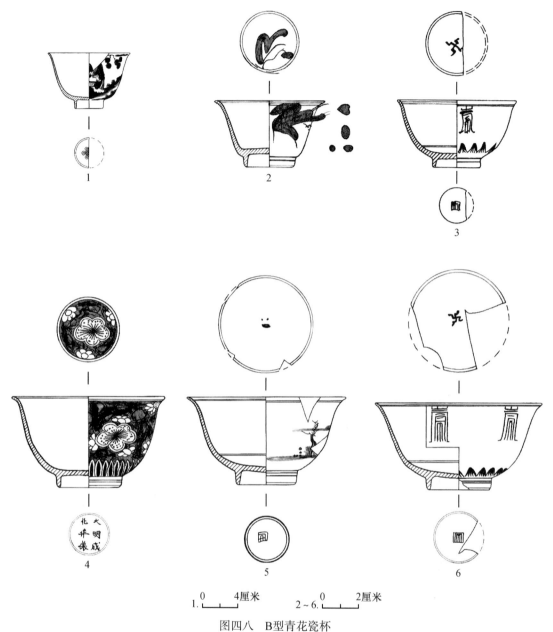

图四八　B型青花瓷杯
1. WJ：16　2. G3③：8　3. DH2：75　4. H4：10　5. H3：9　6. H3：4

饰青花弦纹两周，底部正中青花绘一束花草。外壁青花绘山石、梅兰竹菊纹饰。足墙外壁饰青花弦纹两周。外底正中绘方形底款，字形难辨。口径6.1、底径2.3、高3.7厘米（图四九，1；图版五七，3、4）。H2：101，残。白胎。侈口，尖唇，弧腹下垂，高圈足，足墙外侈，底部平。内壁口沿及腹部下方各饰青花弦纹两周，底心三个小点呈"品"字形排列。外壁口沿下方饰青花弦纹两周。腹部青花绘梅树，枝杈向两边伸出，枝上梅花盛开，其间杂有菊花、竹枝、兰花。外底中央绘方形底款，内书"卍"字纹。口径6.2、底径2.6、高3.6厘米（图五〇，6；图版五七，5、6）。H2：117，残。白胎。侈口，尖唇，腹部斜直，圈足，足墙厚，足部内收，外底中心下凸。内外口沿下缘各饰青花弦纹两周。内底及圈足顶部各饰青花

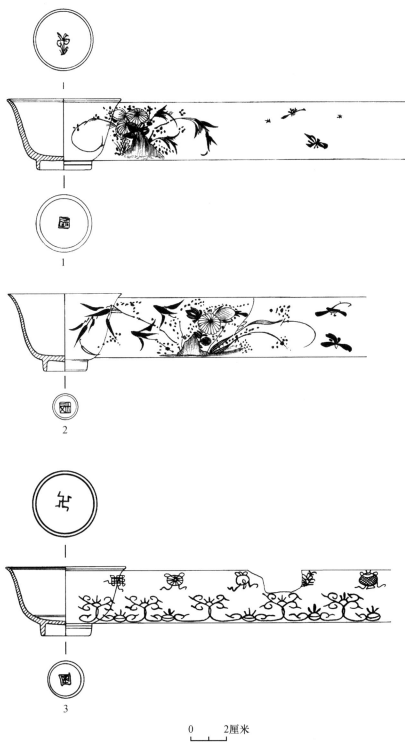

0　　2厘米

图四九　B型青花瓷杯

1. H4：9　2. G2②：2　3.采集：34

弦纹一周。口径8.8、底径3.5、高4.7厘米（图五〇，8）。G3①：8，残。灰白胎，涩口，外壁施釉不及底。侈口，圆唇，斜直腹，圈足，足墙矮，外底中心略下凸。内壁口沿下饰青花弦纹一周。外壁口沿下青花绘花卉纹。口径4.8、底径2.3、高2.8厘米（图五〇，1）。H3：13，残。白胎。侈口，尖唇，弧腹下垂，圈足，足梢尖，微内收，底部平。外壁口沿下青花绘四处宝轮等吉祥图案，近底处青花饰一周卷草纹。外底青花绘方形底款，框内似为"永"字。口径5.7、底径2.3、高3.7厘米（图五〇，3；图版五八，1）。H5：5，残。白胎。侈口，尖唇，弧腹，圈足，杯底略往下弧凸。外壁青花绘鳜鱼相互追逐，周围布满细小水藻纹。口径5.8、底径2.4、高3.7厘米（图五〇，2）。H2：127，残。白胎。侈口，圆唇，弧腹下垂，高圈足，足墙外侈，足梢尖，底平。外腹釉下以红彩绘一条鳜鱼，嘴角上翘，腹鳍、尾鳍舒展。外底饰青花弦纹一周，其内青花绘方形底款，文字难以准确辨识。口径6.3、底径2.3、高3.8厘米（图五〇，4；图版五八，2）。G3③：21，残。白胎。侈口，圆唇，弧腹，圈足，足墙底略尖，底平。内底残存山水纹饰，江渚上有渔船、亭子等景物。口外下缘饰青花弦纹两周，腹部绘江岸边山石、柳树、远山等景物。圈足饰弦纹三周。口径7.5、底径3.6、高2.9厘米（图五〇，5；图版五八，3）。WJ：15，残。白胎。侈口，尖唇，弧腹，高圈足，底平。外壁青花绘单龙戏珠，以"山"字形云纹围绕。外底饰青花弦纹两周。口径8.4、底径3.6、高4.7厘米（图五〇，9；图版五八，4）。H3：10，残。灰白胎。侈口，圆唇，弧腹下垂，高圈足，底平。口沿外下缘饰青花弦纹两周，腹部下方饰青花弦纹一周，两处弦纹之间青花绘凤凰一只，曲颈扬首，双翼张开，脚向后伸直，呈飞翔状，凤凰身体上下围绕"山"字形云纹。足墙饰青花弦纹两周。外底饰青花弦纹两周，内书底款，残缺较多，仅余"年制"二字可辨，楷书。口径8.2、底径3.8、高5.5厘米（图五〇，7；图版五八，5）。H4：18，残。白胎。侈口，尖唇，弧腹，高圈足，内底平，外底心略向下凸。外壁青花绘梅兰竹菊组合图案，周围以较密的点加以涂点。外底饰青花弦纹两周，弦纹内正中绘一方形底款，内书"张"字，隶书。口径9.2、底径4.4、高5厘米（图五一，4；图版五八，6）。采集：107，残。白胎。侈口，尖唇，弧腹，高圈足，底平。口沿内外下缘各饰青花弦纹两周。内底边缘饰青花弦纹两周，其内青花绘牡丹花及枝叶。外壁青花绘细缠枝牡丹枝叶。足墙饰青花弦纹三周。外底饰青花弦纹两周，内无底款。口径8.6、底径4.5、高5.2厘米（图五一，9；图版五九，1、2）。采集：128，残。白胎。侈口，圆唇，弧腹，圈足，足梢尖，外底略平。口沿一周涂青釉。内壁口沿下青花绘一周折枝花卉纹。内底一周大致分为四个扇形，其内青花各绘花枝。外壁中央饰青花弦纹一周，将外壁分为上、下两部分，上下层均青花绘写意的折枝花卉纹。外底饰青花弦纹一周，弦纹内青花绘方形底款，其内文字难以辨识。口径7.1、底径3.5、高3.5厘米（图五一，8；图版五九，3、4）。采集：129，残。白胎。侈口，尖唇，弧腹，圈足，足墙厚，玉璧底，底平。口沿内外下缘各饰青花弦纹两周。内底边缘装饰青花弦纹两周，其内残存少许青花花卉枝叶。外壁似青花绘弯曲的枝叶。口径7、底径3.4、高3.7厘米（图五一，2；图版五九，5、6）。采集：135，残。白胎。侈口，尖唇，弧腹下垂，圈足，足墙底尖，底平。内壁口沿下及底部外缘各饰青花弦纹一周。内底青花绘有图案，残存少许，内容不辨。外壁青花绘向日葵、树干等纹饰。口径7.2、底径3.6、高3.7厘米（图五一，3）。H2：118，

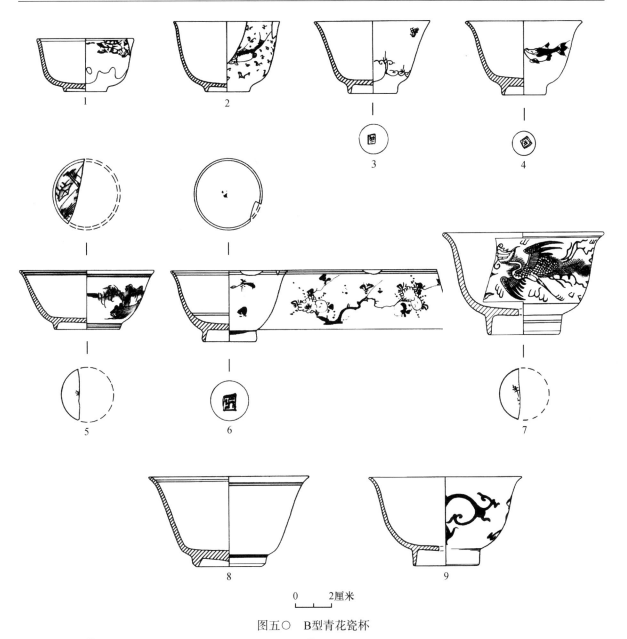

图五〇　B型青花瓷杯

1. G3①：8　2. H5：5　3. H3：13　4. H2：127　5. G3③：21　6. H2：101　7. H3：10　8. H2：117　9. WJ：15

残。白胎。侈口，尖唇，弧腹下垂，高圈足，足墙外侈，足梢经旋削，底平。内壁口沿下及
底部外缘各饰青花弦纹两周，内底似青花绘草叶纹饰。口沿外缘下方青花绘一周"回"字形
云纹。下腹部青花绘一周连续莲瓣纹，莲瓣表面绘竖向纹理。圈足顶部饰弦纹一周。外底饰
青花弦纹一周，弦纹内青花绘方形底款，文字难辨。口径6.4、底径2.5、高3.6厘米（图五一，
1）。H2：25，残。白胎。侈口，尖圆唇，弧腹下垂，圈足，底平。口内下缘及近底部饰青花
弦纹两周。内底青花绘变体"卍"字纹。口沿外缘下方青花绘一周"回"字形云纹，底部为
连珠纹装饰。下腹部青花绘一周连续莲瓣纹，莲瓣表面绘竖向纹理。足墙饰弦纹三周。外底
饰青花弦纹两周，内绘方形底款，内容难以确定。口径8.9、底径3.4、高4.5厘米（图五一，
7；图版六〇，1、2）。T1①：18，残。白胎。侈口，圆唇，弧腹下垂，高圈足，底平。口内

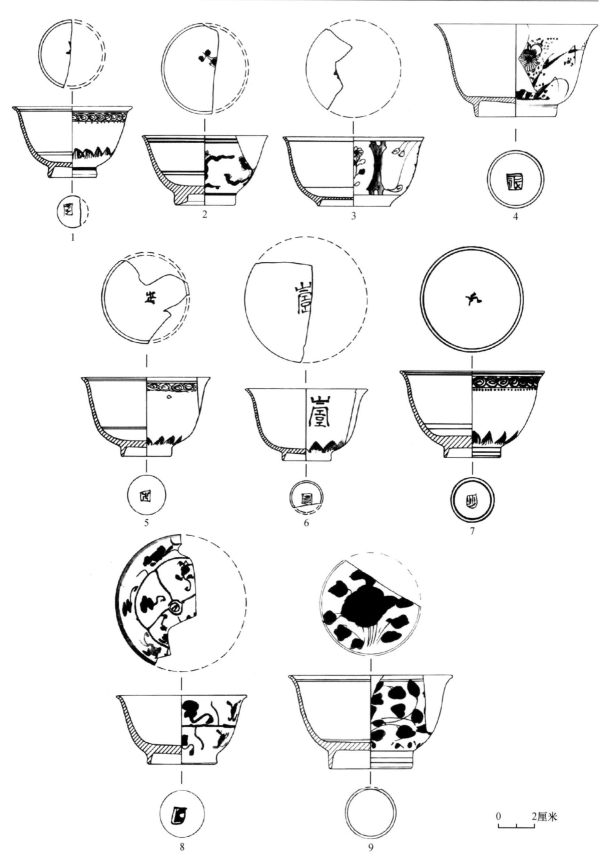

图五一　B型青花瓷杯

1. H2：118　2. 采集：129　3. 采集：135　4. H4：18　5. T1①：18　6. H2：74　7. H2：25　8. 采集：128　9. 采集：107

下缘及近底部饰青花弦纹两周。内底青花绘类似"出"字的符号。口沿外缘下方青花绘一周"回"字形云纹。下腹部青花绘一周连续莲瓣纹，莲瓣表面绘竖向纹理。外底青花绘方形底款，内绘"卍"字纹。口径7.3、底径2.8、高4厘米（图五一，5；图版六〇，3）。H2：74，残。白胎。侈口，尖唇，弧腹下垂，圈足，底平。内底青花书一变体"寿"字，外壁青花书与内底一样的"寿"字四个，近底部青花绘一周连续莲瓣纹，莲瓣表面绘竖向纹理。外底饰青花弦纹两周，内绘一方形印章底款，内容难辨。口径6.6、底径2.6、高3.6厘米（图五一，6；图版六〇，4）。G3③：7，残。白胎。侈口，尖唇，弧腹下垂，圈足，底平。口沿内缘及底部饰青花弦纹两周，底部正中青花绘一变体"卍"字纹。外壁口沿下饰青花弦纹两周，下书五个变体青花"寿"字，现残存三字，均匀分布。近底部青花绘一周连续莲瓣纹，莲瓣表面绘竖向纹理。足墙饰弦纹一周。外底青花绘一方形印章底款，内容难辨。口径6.5、底径2.5、高3.6厘米（图五二，3）。H2：49，残。白胎。侈口，尖唇，弧腹下垂，圈足，底平。口沿内外均饰青花弦纹两周。内底饰青花弦纹两周，底部正中青花绘一变体"卍"字纹。外壁青花绘盛开的莲花一朵，花瓣细刻叶脉，花冠、茎部衍生出枝蔓。足墙饰青花弦纹三周，底部经过旋削处理。外底饰青花弦纹两周，其内绘吉祥结图案。口径7.8、底径3.6、高4.7厘米（图五二，4；图版六〇，5）。T2①：13，残。白胎。侈口，尖唇，弧腹，高圈足，底平。口沿一周涂金色。口沿内外下缘各饰青花弦纹两周。内底边缘装饰青花弦纹两周，其内青花绘藤蔓、枝叶和两个瓜果，瓜果种类难辨。外壁纹饰与内底纹饰近似。足墙饰青花弦纹三周。外底饰青花弦纹两周，其内书写"大明成化年制"，自右向左两列，楷书。口径9.2、底径4.1、高4.9厘米（图五三，2；图版六一，1、2）。T2：5，残。白胎。侈口，尖唇，弧腹，高圈足，底平。口沿内外下缘各饰青花弦纹两周。内底边缘装饰青花弦纹两周，其内青花绘藤蔓及瓜叶。外壁青花绘藤蔓瓜叶。足墙饰青花弦纹两周。外底饰青花弦纹两周，内书文字底款"大清年制"，两列，楷书。口径9.2、底径4、高4.8厘米（图五三，1；图版六一，3）。G1④：1，残。白胎。侈口，圆唇，弧腹下垂，高圈足，底平。口沿一周涂金色。口沿内外下缘各饰青花弦纹两周。内底饰青花弦纹两周，其内青花绘藤蔓及瓜叶。外壁亦青花绘藤蔓瓜叶。足墙饰青花弦纹三周。外底青花双线绘方框底款，内书"康熙年制"，楷书。口径8.6、底径4.6、高4.8厘米（图五三，3；图版六一，4）。采集：130，残。白胎。侈口，圆唇，弧腹，卧足。口沿外下缘饰青花粗弦纹两周，其下青花绘柳枝状枝叶、涡状花卉。口径5.6、底径2、高2.8厘米（图五二，2）。

7. 釉上彩

21件。根据口沿的不同，分为二型。

A型 18件。敞口。采集：160，残。胎质细白，通体施透明釉。敞口，尖唇，弧腹，圈足，足墙微侈。外壁彩绘花卉枝叶，叶上表现叶脉。外底以红彩书写底款"大清光绪年制"，纵向两列，每列三字，楷书。口径6.4、底径2.9、高3.6厘米（图五二，1；图版六一，5）。采集：55，完整。白胎，通体施透明釉。敞口，尖唇，弧腹，圈足，外底微下凸。外壁以红色、黑色各绘五瓣花一朵，黑色已模糊不清，仅余墨色轮廓。两侧以红色绘波浪纹及直线装饰，

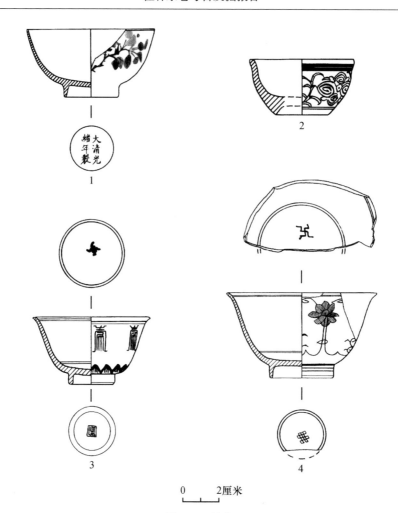

图五二　瓷杯

1.A型釉上彩杯（采集：160）　2~4.B型青花杯（采集：130、G3③：7、H2：49）

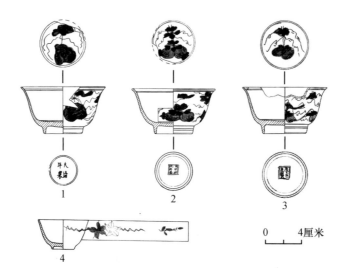

图五三　瓷杯

1~3.B型青花杯（T2：5、T2①：13、G1④：1）　4.A型釉上彩杯（采集：55）

外侧以红色绘枝叶。口径5.3、底径2.4、高2.9厘米（图五三，4；图版六一，6）。采集：65，完整。白胎，通体施透明釉。敞口，尖唇，弧腹，圈足，外底平。外壁以红色、蓝色各绘五瓣花一朵。两侧以红色绘波浪纹及直线装饰，外侧以红色绘枝叶。口径5.5、底径2.5、高3厘米（图五四，3；图版六○，6）。采集：66，完整。白胎，通体施透明釉。敞口，尖唇，斜直腹，圈足，底平。外壁以红、绿等色绘花叶纹一簇，在花卉旁自右向左釉上墨书"八大山人"四字，行书。口径5.5、底径2.6、高3厘米（图五四，1；图版六二，1）。采集：68，完整。白胎，通体施透明釉。敞口，尖唇，斜直腹，圈足，底平。外壁以红、绿、蓝等色绘花叶纹一簇，在花卉旁自右向左釉上墨书"清心"二字，行书。口径5.5、底径2.6、高3厘米（图五四，5）。采集：70，完整。白胎，通体施透明釉。敞口，尖唇，斜直腹，圈足，底平。外

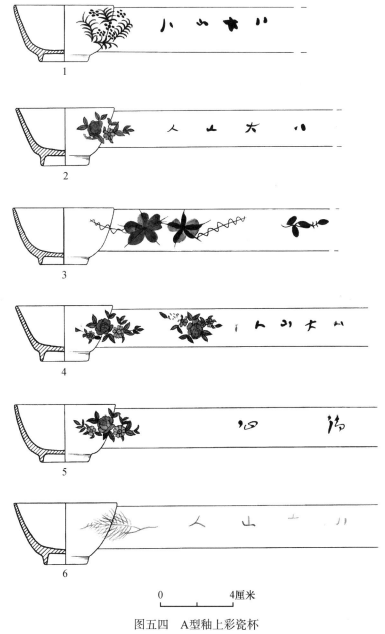

图五四　A型釉上彩瓷杯

1. 采集：66　2. 采集：70　3. 采集：65　4. 采集：71　5. 采集：68　6. 采集：69

壁以红、绿、蓝等色绘花叶纹一簇，在花卉旁自右向左釉上墨书"八大山人"四字，行书。口径5.3、底径2.5、高3厘米（图五四，2）。采集：71，完整。白胎，通体施透明釉。敞口，尖唇，斜直腹，圈足，底平。外壁以红、绿、蓝等色绘花叶纹两簇，在花卉旁自右向左釉上墨书"八大山人"四字，行书。口径5.3、底径2.6、高2.9厘米（图五四，4；图版六二，2、3）。采集：63，基本完整。白胎，通体施透明釉。敞口，尖唇，斜直腹，圈足，底心略下凸。外壁以金色线绘松枝纹，多有磨耗，已漫漶不清。口径5.5、底径2.3、高3.2厘米（图五五，8；图版六二，4）。采集：69，完整。白胎，通体施透明釉。敞口，尖唇，斜直腹，圈足，底平。外壁以金色线绘松枝纹，在松枝旁自右向左釉上以金色书写"八大山人"四字，行书。口径5.6、底径2.3、高3.2厘米（图五四，6；图版六二，5）。采集：48，完整。白胎，通体施透明釉。敞口，圆唇，弧腹微折，圈足，外底中部下凸。外壁以红、绿两色绘花叶纹饰。口径4.2、底径1.7、高2.5厘米（图五五，5；图版六二，6）。采集：56，完整。白胎，通体施透明釉。敞口，圆唇，弧腹，圈足，外底中部下凸。外壁以红、绿两色绘花叶纹饰。口径4.1、底径1.9、高2.6厘米（图五五，6；图版六三，1）。采集：165，完整。白胎，通体施透明釉。敞口，圆唇，弧腹，圈足。外壁以金色绘花卉纹，磨损较多，已难辨图案。口径4.4、底径1.8、高2.3厘米（图五五，3；图版六三，2）。采集：153，残。白胎，通体施透明釉。敞口，圆唇，弧腹，圈足，足墙末梢尖，外底平。外壁以红、金、绿等色绘草、叶、花等纹饰。口径4.4、底径1.7、高2.1厘米（图五五，2；图版六三，3）。采集：64，残。灰白胎，通体施透明釉。敞口，圆唇，斜腹，圈足，足梢尖，外底中部下凸。外壁以红、金、粉等色釉上绘枝叶纹，磨蚀较多，现略呈"士"字形。口径4.2、底径1.8、高2.4厘米（图五五，4；图版六三，4）。

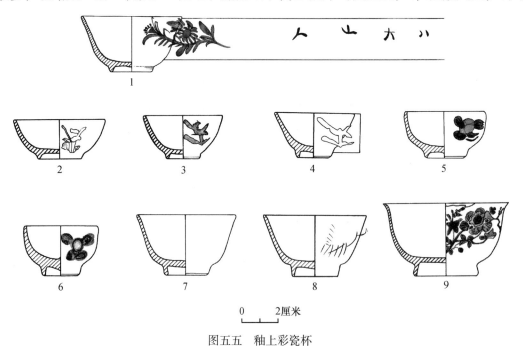

图五五　釉上彩瓷杯

1、7、9. B型（采集：67、采集：52、CQ①：7）　2～6、8. A型（采集：153、采集：165、采集：64、采集：48、采集：56、采集：63）

B型　3件。侈口。采集：52，完整。白胎，通体施透明釉。侈口，圆唇，弧腹，圈足，足墙略内收，底部微下凸。外壁磨蚀较严重，可见残留少许金彩。口径5.4、底径2.3、高3.3厘米（图五五，7；图版六三，5）。CQ①：7，残。白胎，通体施透明釉。侈口，尖唇，弧腹，高圈足，底部平。外壁釉上彩绘牡丹纹，花朵丰满，枝叶缠绕。口径6.8、底径3.5、高3.8厘米（图五五，9；图版六三，6）。采集：67，完整。白胎，通体施透明釉。敞口，尖唇，斜直腹，圈足，底平。外壁以红、绿等色绘花叶纹一枝，在花卉旁自右向左釉上墨书"八大山人"四字，行书。口径5.6、底径2.4、高2.9厘米（图五五，1）。

八、碟

151件。根据釉色的不同，可分为透明釉、青釉、青花、釉上彩等四类。

1. 透明釉

37件。根据口沿的不同，分为三型。

A型　10件。敞口。根据腹部弧度的不同，分为二亚型。

Aa型　5件。弧腹，圈足较大。WJ：23，残。白胎，通体施透明釉。敞口，圆唇，弧腹，圈足，底平。口径8.2、底径5、高1.8厘米（图五六，13）。H2：62，残。白胎，通体施透明釉。敞口，圆唇，弧腹，圈足，足墙略外撇，底略下凸。内底戳印方形印章款识，内书"福"字，隶书。口径8.8、底径5.8、高2.3厘米（图五六，12）。采集：110，残。灰胎，施透明釉，内外壁均施半釉。敞口，圆唇，弧腹，圈足，足墙微侈，外底中心下凸。内壁釉上墨绘山形写意图案。口径9.9、底径4.6、高2.5厘米（图五六，11）。H2：57，残。白胎，施透明釉，釉色粉青。敞口，圆唇，弧腹，高圈足，足梢尖，底平。口沿一周涂赭色。口径7.6、底径4、高2.8厘米（图五六，15）。

Ab型　5件。腹部稍斜直，圈足较小。采集：101，残。灰白胎，内外施透明釉，圈足底无釉。敞口，圆唇，弧腹稍斜直，圈足，底平。口沿一周涂赭彩。口径20.7、底径7.4、高4.5厘米（图五六，7）。H2：41，残。灰白胎，内外施透明釉，圈足底无釉。敞口，圆唇，弧腹稍斜直，圈足，外底中部略下凸。口沿一周涂赭彩。口径21、底径8、高4.8厘米（图五六，6）。H2：3，残。灰白胎，内外施透明釉，圈足底无釉。敞口，圆唇，弧腹稍斜直，圈足，外底中部略下凸。口沿一周涂赭彩。口径17、底径6.6、高4.6厘米（图五六，3）。G3①：6，残。灰白胎，内外施透明釉，圈足底无釉。敞口，圆唇，弧腹稍斜直，圈足，外底中部略下凸。口沿一周涂赭彩。口径16.6、底径7.1、高4.6厘米（图五六，4）。

B型　26件。侈口。采集：37，完整。白胎，内外施透明釉，圈足底无釉。侈口，圆唇，折腹，高圈足，足梢外撇，外底平。口径23.6、底径7.6、高5.4厘米（图五六，8；图版六四，1、2）。采集：38，基本完整。白胎，内外施透明釉，圈足底无釉。侈口，圆唇，折腹，高圈足，足梢外撇，外底平。口径21.8、底径6.4、高5.5厘米（图五六，5；图版六四，3、4）。

采集：80，完整。白胎，内外施透明釉，圈足底无釉。侈口，圆唇，折腹，圈足，足梢尖，底平。口沿涂蓝釉，口沿内下方及折腹处各饰青花弦纹一周，口沿外下方饰青花弦纹两周，足墙外饰青花弦纹一周。口径14.3、底径6.6、高1.2厘米（图五六，2；图版六四，5、6）。

采集：81，残。白胎，内外施透明釉，圈足底无釉。侈口，圆唇，折腹，圈足，足梢尖，底平。口径14、底径6.9、高2厘米（图五六，1）。H2：56，残。白胎，内外施透明釉，圈足底无釉，釉色鸭蛋青。侈口，圆唇，弧腹，高圈足，底平。口径8.2、底径4.1、高3厘米（图五六，9；

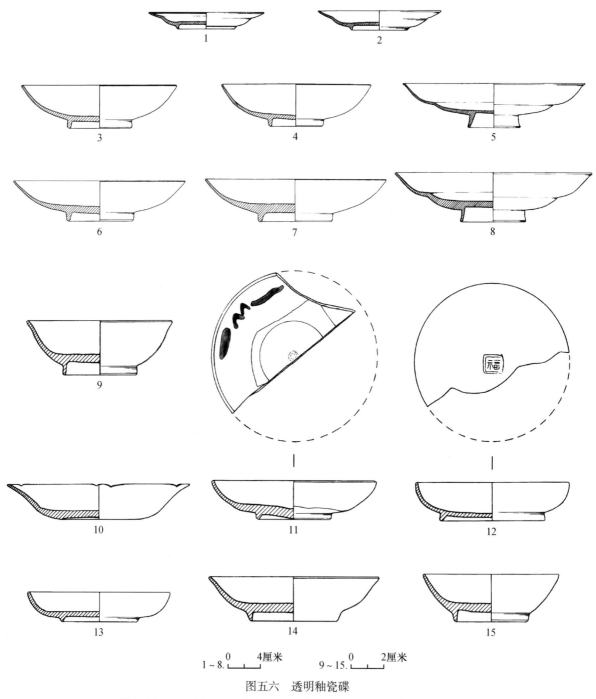

图五六　透明釉瓷碟

1、2、5、8、9、14. B型（采集：81、采集：80、采集：38、采集：37、H2：56、T1①：24）　3、4、6、7. Ab型（H2：3、G3①：6、H2：41、采集：101）　10. C型（G1H7：8）　11～13、15. Aa型（采集：110、H2：62、WJ：23、H2：57）

图版六五，1）。T1①：24，残。白胎，内外施透明釉，圈足底无釉，釉色鸭蛋青。侈口，圆唇，弧腹，圈足，足梢尖，底平。口沿一周涂金色。口径10.6、底径5、高2.6厘米（图五六，14；图版六五，2）。

C型　1件。花瓣口。G1H7：8，残。灰白胎，内外施透明釉，圈足底无釉，釉色粉青。侈口，口沿花瓣状，尖唇，斜直腹，平底略内凹。口径10.8、底径4、高2.1厘米（图五六，10；图版六五，3）。

2. 青釉

7件。根据口沿的不同，分为三型。

A型　2件。敞口。T2H17：2，残。灰白胎，青釉，内施满釉，外仅口沿部分施釉。敞口，方唇，浅斜弧腹，平底。盘内饰两周弦纹。口径17.8、高3.8厘米（图版六五，4）。采集：99，残。红胎，青釉，内施满釉，底部有圆形支钉痕，外施半釉。敞口，圆唇，弧腹，圈足，内弧底。口径10、底径5.6、高2.9厘米（图五七，2）。

B型　3件。敛口。T2⑤：11，残。红胎，青釉，内施满釉，外壁上半部分施釉，内底残留一个圆形支钉痕。敛口，圆唇，弧腹，圈足，足墙厚，底平。口径14.6、底径7.2、高3厘米（图五七，7）。G1⑤：1，残。灰胎，青釉，内施满釉，外施半釉。敛口，圆唇，斜弧腹，内平底，圈足，足墙厚，外高内低，底部略不平。口径13.4、底径6.8、高2.5厘米（图五七，6）。

C型　2件。折沿口。根据器底的不同，分为二亚型。

Ca型　1件。圈足。T2⑤：8，残。青灰胎，青釉，釉已脱落，内底有五个圆形支钉痕迹。侈口，折沿，尖圆唇，斜直腹，内平底，圈足。口径12、底径5.4、高2.6厘米（图五七，3；图版六五，5）。

Cb型　1件。平底。T1H14：1，残。灰胎，青釉，釉已脱落。敞口，折沿，厚唇，浅斜弧腹，平底。口沿内饰弦纹一周。口径12、底径7.2、高2.3厘米（图五八，2）。

3. 青花

94件。根据口沿的不同，分为二型。

A型　49件。敞口。根据腹部弧直程度的不同，分为三亚型。

Aa型　3件。腹部弧圆。G3③：6，略残。白胎。敞口，圆唇，弧腹，高圈足，足墙内收，底平。内壁口沿下方装饰一条蓝色色带。内底外缘饰青花弦纹两周，其内青花绘三朵缠枝菊花。外壁口沿下饰青花弦纹两周，腹部青花绘枝叶纹。足墙饰弦纹两周。口径13.6、底径6.5、高4.2厘米（图五七，8；图版六五，6）。G3③：11，略残。白胎。敞口，圆唇，弧腹，高圈足，足墙内收，底平。内壁口沿下方装饰一条青花曲折纹宽带。内底外缘饰青花弦纹两周，其内中心青花绘云纹，三个云角将内壁三分，青花绘三只白鹭，以水藻、蟹环绕。外壁口沿下饰弦纹两周，腹部青花绘五只螃蟹。口径13.4、底径6.8、高4.5厘米（图五七，5；图版六六，1、2）。

　　Ab型　44件。腹部斜弧，壁斜程度较Aa型为多。H2：59，残。白胎。敞口，尖唇，弧腹，圈足，底平。内壁口沿下饰青花弦纹一周，腹部青花绘河流、远山、渔舟、河岸、树林等风景。外底饰青花弦纹两周，内书"美玉明珠"四字，两列两行，楷书。口径10.2、底径5.3、高3.8厘米（图五八，3；图版六六，3、4）。H2：60，残。白胎，底不施釉。敞口，圆唇，弧腹，圈足。口沿一周涂青色。内底中央青花绘一圆圈，圆圈外青花绘两层简略的灵芝瑞草纹。外壁口沿下饰青花粗弦纹一周，腹部青花绘简略枝蔓。口径8.4、底径4.6、高3.1厘米（图五八，1）。G3①：7，残。白胎。敞口，圆唇，弧腹，圈足，足墙内敛，底平。口沿内外下缘、内底各饰青花弦纹两周。内底弦纹内外均青花涂绘缠枝花卉。外壁腹部青花绘蝠纹。外底绘花押，残余少许。口径13.7、底径7.8、高2.5厘米（图五七，4；图版六六，5、6）。G3③：19，残。白胎。敞口，圆唇，折腹，圈足，外底平。内壁口沿下饰青花弦

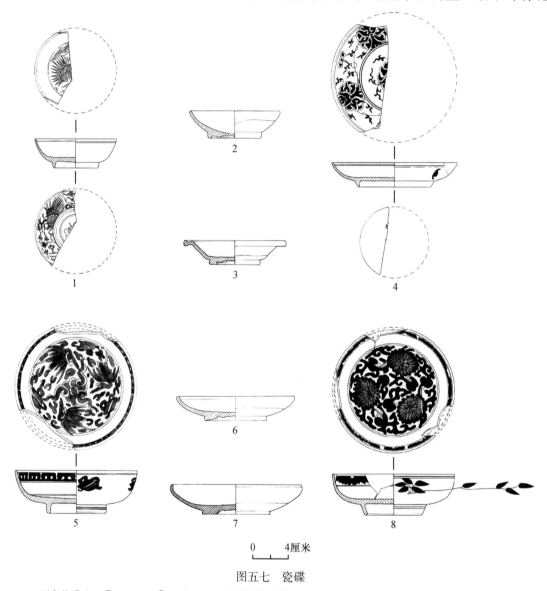

0　　　4厘米

图五七　瓷碟

1、4.Ab型青花碟（G3③：19、G3①：7）　2.A型青釉碟（采集：99）　3.Ca型青釉碟（T2⑤：8）　5、8.Aa型青花碟
（G3③：11、G3③：6）　6、7.B型青釉碟（G1⑤：1、T2⑤：11）

纹一周，底部边缘饰青花弦纹两周。内底青花线绘凤鸟，双翼张开，祥云围绕。外壁口沿下饰青花弦纹两周，腹部青花绘凤凰，长颈，头偏向左侧，展翼，前方绘莲枝。外底饰青花弦纹两周，内绘花押。口径9.2、底径4.7、高3厘米（图五七，1）。H2：9，残。白胎。敞口、圆唇、弧腹、圈足、底略下凸。口沿内外下缘各饰青花弦纹两周。内底饰青花弦纹两周，其内青花绘缠枝花卉图案。外壁腹部青花绘缠枝花叶。外底饰青花弦纹一周，内书"大清雍正年制"，两列三行，楷书。口径8.5、底径4.2、高3.2厘米（图五九，1；图版六七，1、2）。H2：54，残。白胎。敞口、尖唇、弧腹、圈足、底平。内壁青花线绘一鳜鱼，尾鳍翘起。内底另有其他纹饰，残损无存。外底饰青花弦纹两周。口径8.9、底径4.4、高3厘米（图六○，3）。WJ：18，残。灰白胎。敞口、圆唇、弧腹、圈足、底平。口沿内缘饰青花弦纹一周。内绘莲花等花卉以及一只曲颈展翅的凤凰。外底饰青花弦纹两周。口径11、底径5、高3.6厘米（图六○，5；图版六七，3、4）。采集：24，残。白胎。敞口、圆唇、弧腹、圈足、外底略向下凸。口沿内下缘饰青花弦纹两周。弦纹内青花绘写意凤凰、花卉纹饰，凤凰头部、翅膀、尾羽及花卉渲染较重，其余以线绘表现。口径11.5、底径4.5、高3.9厘米（图五九，3）。采集：54，残。白胎。敞口、圆唇、弧腹、圈足、底平。口沿内缘饰青花弦纹一周。弦纹内青花绘莲花等花卉，花下一只曲颈展翅的凤凰，回首顾盼。外底饰青花

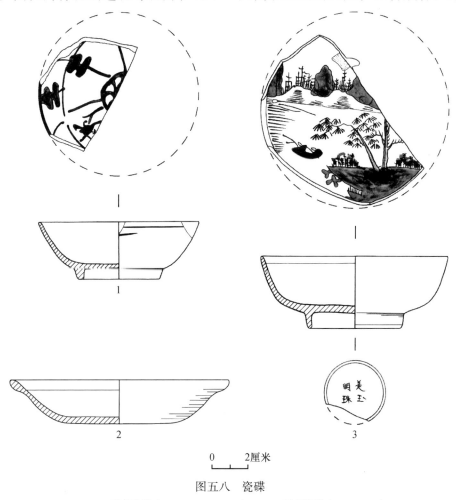

0　　2厘米

图五八　瓷碟

1、3.Ab型青花碟（H2：60、H2：59）　2.Cb型青釉碟（T1H14：1）

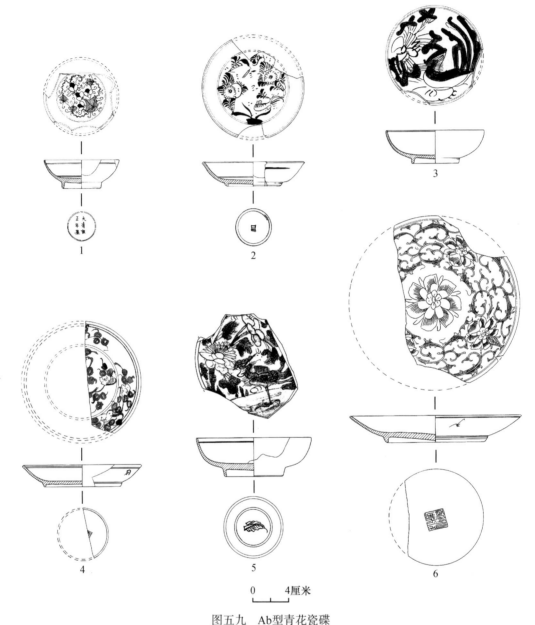

图五九　Ab型青花瓷碟
1. H2∶9　2. WJ∶3　3. 采集∶24　4. WJ∶35　5. 采集∶54　6. H2∶100

弦纹两周，其内青花绘树叶纹花押，细长形单叶，细绘叶脉。口径14.8、底径6.6、高4.1厘米（图五九，5；图版六七，5、6）。H2∶58，残。白胎。敞口，圆唇，弧腹，圈足，外底中部下凸。口沿一周涂金彩。内壁青花绘树叶一片，旁有字迹，可辨"秋"字。口径10.2、底径4.3、高3厘米（图六〇，4）。H2∶61，残。白胎。敞口，圆唇，弧腹，圈足，底平。口沿内饰青花弦纹一周。内底青花绘团花一朵，外围青花满绘缠枝花卉。外壁青花绘灵芝瑞草纹。外底绘直棂窗式方形花押。口径7.6、底径3.8、高2.6厘米（图六〇，6）。H2∶125，残。白胎。敞口，圆唇，弧腹，圈足，平底。口沿内饰青花弦纹一周。内底外缘饰青花弦纹两周，内青花绘四瓣花一朵，花瓣、叶子等围绕中央方形款识框，内书"卍"字纹。中心

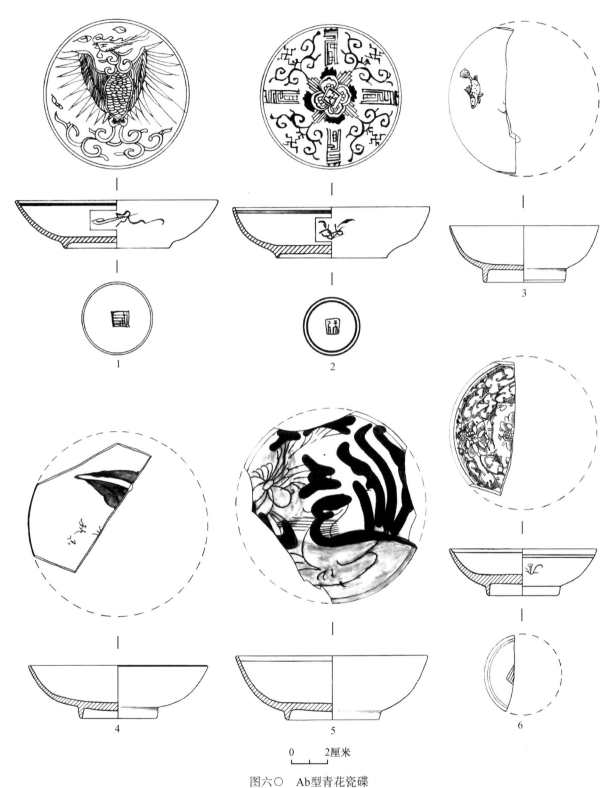

图六〇　Ab型青花瓷碟

1. H2：124　2. H2：125　3. H2：54　4. H2：58　5. WJ：18　6. H2：61

团花外圈以青花四格"寿"字、四枝缠枝纹和"卍"字纹相间排列装饰。外壁青花绘灵芝瑞草纹三处。外底饰青花弦纹两周，中心为方形印章款识，方框内书"陈"字，篆书。口径11.2、底径6.1、高2.7厘米（图六〇，2；图版六八，1、2）。WJ：3，残。白胎。敞口，方唇，弧腹，圈足，外底中部下凸。口沿一周涂金彩。内壁底部边缘饰青花弦纹两周。内底青花绘菊枝两丛，中间似绘水鸟一只。外壁青花横绘长形草叶。外底饰青花弦纹两周，中心绘直棂窗式方形花押。口径11.1、底径5.7、高2.7厘米（图五九，2；图版六八，3、4）。H2：124，残。白胎。敞口，圆唇，弧腹，圈足，足梢尖，底平。内壁口沿下饰青花弦纹一周，底部外缘饰青花弦纹两周，内底青花线绘一只凤鸟，头似鸡头，双翼展开，腹部鱼鳞纹，足下缠枝纹。外壁青花绘绶带纹。外底饰青花弦纹两周，内绘方形底款，似为"陈"字，篆书。口径11、底径6、高2.4厘米（图六〇，1；图版六八，5、6）。WJ：35，残。白胎。敞口，圆唇，弧腹，圈足，足梢经旋削，底平。口沿内外下缘各饰青花弦纹两周。内底边缘饰青花弦纹两周，将内壁分为内、外两部分，均青花绘花卉纹。外壁青花绘简略兰草。外底饰青花弦纹两周，中心仅余方形款识的一角，其内文字不辨。口径13.2、底径9.6、高2.7厘米（图五九，4；图版六九，1~3）。H2：100，残。白胎。敞口，圆唇，斜腹，圈足，足墙内敛，底经旋削处理，底心下凸。内底青花绘重瓣团花一朵，内腹部青花线绘缠枝花卉纹。外壁口沿下方、足墙饰青花弦纹两周，腹部青花绘简略兰草图案。外底中央绘方形印章式款识，内书"大清顺治年制"，三列两行，篆书。口径19.4、底径11、高3.2厘米（图五九，6；图版六九，4~6）。H2：129，略残。灰白胎。敞口，圆唇，弧腹，圈足，外底中部下凸。口沿内外下缘各饰青花弦纹两周。内底饰青花弦纹两周，将内壁分为内、外两部分，外圈青花书三周变体"寿"字，内圈书一个变体"寿"字。外壁亦青花书三周变体"寿"字。足墙、外底各饰青花弦纹两周，外底中部自右向左书"大清雍正年制"，三列两行，楷书。口径20.5、底径13、高4.4厘米（图六一，1；图版七〇，1~3）。T2①：2，残。灰白胎。敞口，圆唇，弧腹，圈足，足墙内敛，底平。口沿一周涂金彩。内壁一侧青花绘制假山，孔洞较多。另一侧青花绘制一片树叶，叶脉两边书"风弄一枝花影"，行书。口径20.5、底径7.9、高5.4厘米（图六一，5；图版七〇，4、5）。H2：122，残。白胎。敞口，圆唇，弧腹，圈足，底平。口沿内外下缘各饰青花弦纹两周。内底边缘饰青花弦纹两周，将内壁分为内、外两部分，外侧青花线绘缠枝纹，卷枝间四条螭龙将盘壁四等分，螭龙身体呈"S"状。弦纹内侧盘底残，纹饰不明。外壁青花绘花枝，花朵呈卷云状。足墙饰青花弦纹三周。口径20.2、底径13、高4.4厘米（图六一，4；图版七一，1~3）。H2：20，残。白胎。敞口，圆唇，弧腹，圈足，平底。口沿内外下缘各饰青花弦纹两周。内底边缘饰青花弦纹两周，将内壁分为内、外两部分，外侧光素无纹，内侧青花绘婴戏图，一年轻妇人于檐下抱袖而坐，静观二童子，其中一童踩在方凳上攀折柳枝，递给另一孩童。外壁青花绘制疏朗的竹枝和竹叶。外底饰青花弦纹两周，内书"大清雍正年制"，三列两行，楷书。口径17、底径10、高3.5厘米（图六二，3；图版七一，4~6）。H2：16，残。白胎。敞口，圆唇，弧腹，圈足，平底。口沿内外下缘各饰青花弦纹两周。内底边缘饰青花弦纹两周，将内壁分为内、外两部分，外侧光素无纹，内侧青花绘婴戏图，一年轻妇人立于屋内，静观二童子，其中一童踩在方凳上攀折柳枝，递给另一孩童，河岸边青花绘花草、柳树、山石等风景。外壁青花绘制疏朗的竹枝和竹叶。外底饰青花弦纹两周，内书"大清雍正年制"，三列两行，楷书。口径19.9、底径12.6、高4.4厘米（图六一，2；图版七二，1~3）。H2：17，残。白胎。敞口，圆唇，弧腹，圈足，底平。内壁青花绘一游龙，头向左侧，身体蜷曲，须发皆张，细描龙鳞，两前肢伸直呈"一"字，龙爪四趾，下半身延伸至外壁。内外壁身体周围环绕卷云。外底饰青花弦纹两

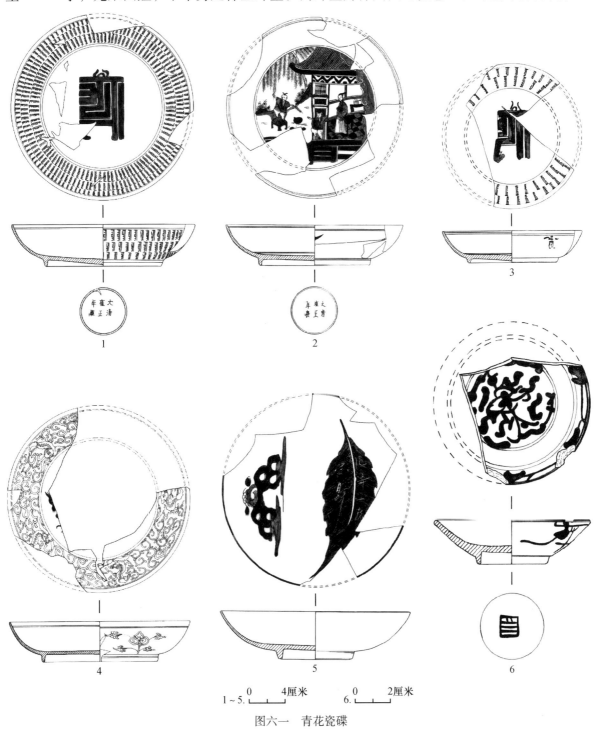

图六一　青花瓷碟

1~5.Ab型（H2：129、H2：16、H2：10、H2：122、T2①：2）　6.Ac型（采集：32）

周，内书"大清雍正年制"，三列两行，楷书。口径20.3、底径12.8、高4厘米（图六二，6；图版七二，4～6）。H2：10，残。灰白胎。敞口，圆唇，弧腹，圈足，外底略向下凸。口沿内外下缘各饰青花弦纹两周。内底饰青花弦纹两周，将内壁分为内、外两部分，外圈青花写两周变体"寿"字，内圈书一个变体"寿"字。外壁青花书三处变体"寿"字。外底饰青花弦纹两周。口径15.5、底径9.9、高3.4厘米（图六一，3；图版七三，1～3）。H2：123，残。灰白胎，口沿一周涂蓝色。敞口，圆唇，弧腹，圈足，外底中部下凸。内底以圆形区隔空间，圆形内青花绘灵芝瑞草纹，圆形外青花绘放射状芒纹，其余内壁线绘青花灵芝瑞草两周，将内壁分为内、外两部分。外壁绘青花灵芝瑞草纹三处。外底饰青花弦纹两周，内绘方形花押。口径19.4、底径10.8、高4厘米（图六二，5；图版七三，4～6）。WJ：33，残。灰白胎。敞口，圆唇，弧腹，圈足，外底中部下凸。口沿涂青色为饰。内底中央青花绘一涡状圆圈，圆圈外围绕一周细密的锯齿纹，其外青花线绘灵芝瑞草纹。外壁青花绘灵芝瑞草纹四处。外底饰青花弦纹两周，内绘方形印章式花押。口径20、底径11.5、高3.3厘米（图六二，4；图版七四，1～3）。H2：13，残。灰白胎，足底不施釉。敞口，圆唇，弧腹，圈足，平底。内壁口沿下饰青花弦纹一周。内底青花涂绘博古图纹。外底饰青花弦纹两周，内绘花押。口径10.6、底径5.2、高3.8厘米（图六二，2；图版七四，4～6）。

Ac型　2件。腹部斜直。H2：55，残。白胎，内底涩圈。敞口，圆唇，斜腹，圈足，足墙底部经旋削处理，底心下凸。内外腹部皆青花绘写意花卉纹饰。口径14.5、底径8.2、高2.5厘米（图六二，1；图版七〇，6）。采集：32，残。白胎，口沿一周涂青色。敞口，圆唇，斜腹，圈足，足墙内敛。口沿内饰一周青花花卉带，底部饰青花弦纹两周，弦纹内青花绘缠枝花卉纹。外壁口沿下饰青花弦纹一周。腹部青花绘简略的花草。外底绘直棂窗式方形底款。口径9.2、底径3.9、高2.4厘米（图六一，6；图版七五，1、2）。

B型　45件。侈口。根据腹部形态的不同，分为三亚型。

Ba型　8件。腹部斜弧。XJ：10，残。白胎。侈口，圆唇，弧腹，圈足，底平。口沿一周涂金彩。通体有细小开片。内壁绘佛手枝叶及两个佛手瓜。口径10.4、底径6、高2.3厘米（图六三，3；图版七五，3、4）。T2①：3，残。白胎。侈口，圆唇，弧腹，圈足，底平。口沿内缘饰青花弦纹一周。内青花绘荷叶、贝类、水藻等物。外底饰青花弦纹两周，内有花押。口径12.6、底径5.4、高3.6厘米（图六四，3）。采集：111，残。白胎。侈口，圆唇，弧腹，圈足，底平。口沿一周涂蓝色。内外壁均青花绘简略缠枝花卉纹。外底饰青花弦纹两周。口径8.8、底径4.7、高3厘米（图六三，4）。H2：95，残。白胎。侈口，圆唇，弧腹，圈足，外底中部下凸。口沿一周涂蓝色。内底中央青花绘一涡状圆圈。漩涡外青花线绘两只瑞草纹。外壁口沿下饰青花粗弦纹一周，其下青花绘简略枝蔓。腹部底饰弦纹两周。口径9.8、底径5.6、高2厘米（图六三，2）。H2：31，残。白胎。侈口，圆唇，弧腹，圈足，底平。内壁口沿下、底部外缘各饰青花弦纹两周，内底青花绘鼎等杂宝，以缠枝花卉围绕。外壁青花绘两竹枝。外底饰青花弦纹两周，内绘花押。口径11.4、底径6.2、高2.2厘米（图六四，4；图版七五，5、6）。G3③：17，残。灰白胎。侈口，圆唇，弧腹，圈足，外底略下凸。内壁口沿下青花绘一周粗装饰带。底部边缘饰青花弦纹两周，内青花绘重瓣莲花。口径13、底径5.5、高3.7厘米

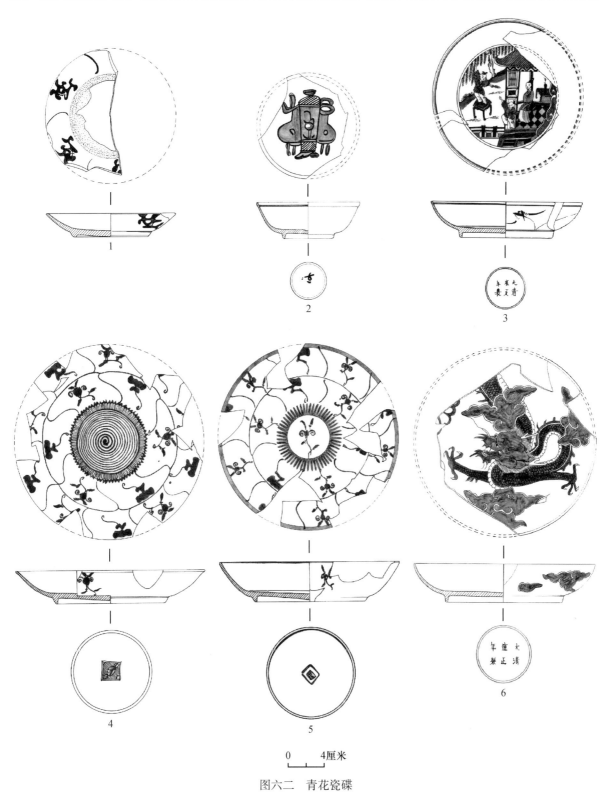

图六二　青花瓷碟

1. Ac型（H2：55）　　2～6. Ab型（H2：13、H2：20、WJ：33、H2：123、H2：17）

（图六三，6）。

Bb型　8件。腹部斜直。采集：112，残。白胎。侈口，尖唇，斜腹，圈足，足稍尖，外底中部略下凸。内壁口沿下饰青花弦纹一周，内壁青花绘柳树、水岸、雁行等景物。外壁口沿下方饰青花弦纹两周，腹部青花绘远山、水岸。口径16.8、底径10.6、高3厘米（图六三，1）。采集：61，残。白胎。侈口，圆唇，斜腹，圈足，底平。口沿内饰青花弦纹两周。内底青花绘团花一朵，外围青花满绘缠枝花卉。外壁口沿下饰青花弦纹两周。腹部三处青花绘灵芝瑞草纹。外底饰青花弦纹两周，中心绘方形年款，内书"大清嘉庆年制"，三列两

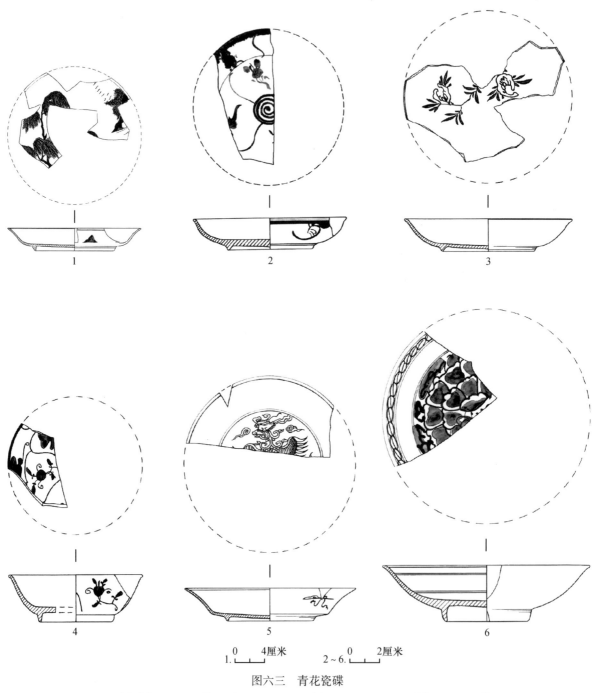

0　　4厘米
1.├──────┤

0　　2厘米
2~6.├────┤

图六三　青花瓷碟
1、5.Bb型（采集：112、G3③：18）　　2~4、6.Ba型（H2：95、XJ：10、采集：111、G3③：17）

行，篆书。口径10.7、底径5.7、高2.5厘米（图六四，1；图版七六，1、2）。H2：33，残。白胎。侈口，尖唇，斜腹，圈足，底部下凸。口沿一周涂褐彩。内壁青花线绘一凤凰飞翔在两枝棕榈叶似的植物间。凤曲颈展翼，身上绘鳞纹。口径20.3、底径11.7、高4厘米（图六四，6；图版七六，3、4）。采集：88，残。灰白胎。侈口，尖唇，斜腹，圈足，底平。内壁青花绘枝干扭曲的松树。外壁及底光素无纹。口径22、底径12.2、高3.5厘米（图六四，2）。G3③：18，残。白胎。侈口，圆唇，斜腹，圈足，足梢尖，外底中部下凸。内壁口沿下饰青花弦纹一周，底部边缘饰青花弦纹两周。内底青花线绘凤鸟，头偏向左，双翼张开，祥云围绕。外壁青花绘简略的云纹。口径11、底径5.5、高2.2厘米（图六三，5；图版七六，5、6）。

Bc型　29件。腹部有一转折。H2：104，残。灰白胎。侈口，尖唇，折腹，圈足，足梢尖，底平。内壁折腹外青色涂抹一周，饰白底梅花纹。内底饰青花弦纹两周，其内青花绘花

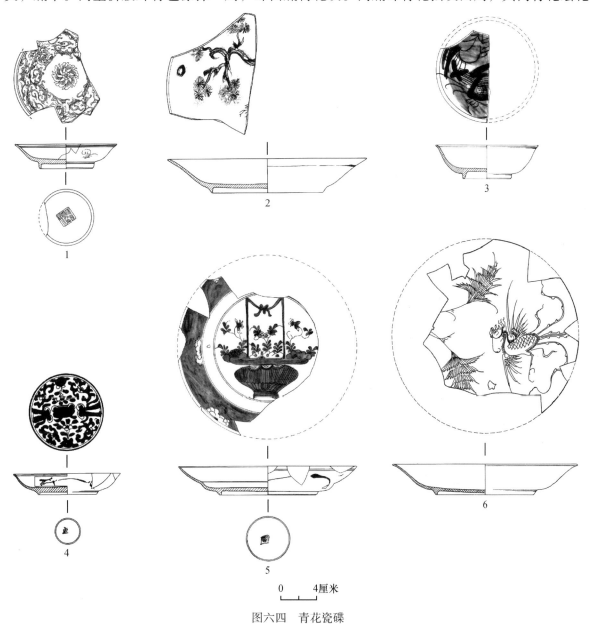

图六四　青花瓷碟

1、2、6. Bb型（采集：61、采集：88、H2：33）　3、4. Ba型（T2①：3、H2：31）　5. Bc型（H2：104）

篮一只，花篮提手呈"M"形，缎带结于中央花篮。花篮宽口沿、细颈、鼓腹、圈足，其内青花绘花卉数枝。外壁以青色涂绘少量萱草纹。外底饰青花弦纹两周，其内绘方框式花押。口径20.6、底径11.4、高3.3厘米（图六四，5）。H2：93，残。白胎，外壁、底施透明釉。侈口，尖唇，折腹，圈足，足墙内敛，底平。内壁除腹部一周留白外，内、外两部分皆以青色为地，均青花绘冰梅纹。外壁口沿及足墙饰青花弦纹两周。腹部以青色绘梅花。外底饰青花弦纹两周。口径21、底径12.2、高3.2厘米（图六五，7）。H2：19，残。白胎。侈口，尖唇，折腹，圈足，足墙内敛，底平。内壁口沿青花线绘海水、花卉等图案，然后以青色涂抹一周。内底青色绘一条龙从海水中腾起，向着旁边一条鲤鱼张牙舞爪，龙目圆睁，龙身盘曲，龙爪四趾。外壁以青色涂绘少量草叶纹。外底饰青花弦纹两周，其内绘方框，似直棂窗样式。口径21.2、底径10.8、高3.5厘米（图六五，6；图版七七，1、2）。H2：18，残。白胎，外壁及底施透明釉。侈口，尖唇，折腹，圈足，外底下凸。内壁除折沿处及近底部一周留白外，其余皆以青色为地，被白釉圈分为内、外两部分。外圈折沿处青花绘花叶与卷云的附属图案四处，对称分布。内底青地留白绘螭龙两条，首尾相连，龙足下皆握一枝芝草，与外圈略同。外壁口沿下及足墙饰青花弦纹，腹部以青色涂绘少量竹叶纹。外底饰青花弦纹两周，其内绘方形印章款识，方框内写"吉"字，楷书。口径20.7、底径11.1、高3.3厘米（图六五，5；图版七七，3、4）。WJ：8，残。白胎。侈口，尖唇，折腹，圈足，底心略下凸。内壁口沿下、折沿及内底边缘均饰青花弦纹，口沿下、内底均白地蓝彩绘梅、菊等花卉图案。外壁似青花绘简略的竹枝竹叶。外底饰青花弦纹两周，内绘方框直棂窗式花押。口径11.6、底径5.6、高2.6厘米（图六六，3；图版七七，5、6）。H4：7，略残。白胎。侈口，尖唇，折腹，圈足，底平。内壁折沿处饰两周青花弦纹，将内壁区分为内、外两部分。外圈蓝色为地，其上青花绘卷云图案，下方留白。内底青色绘一条龙从海水中腾起，向着旁边一条鲤鱼张牙舞爪，龙目圆睁，龙爪四趾，龙嘴前有一宝珠及火纹，鲤鱼头朝上，鱼须直立，浪花翻涌。外壁以蓝色涂绘杂宝图案。口径16.3、底径8.6、高2.8厘米（图六六，7；图版七八，1、2）。H2：14，残。白胎。侈口，尖唇，折腹，圈足，底平。内壁折沿处饰青花弦纹两周，以此为分界，将内壁分为内、外两部分，外圈全涂蓝色，绘两朵云纹，下方留白。内底蓝地白花绘一条草龙，扭头回看，身体弯曲，四足中部长出芝状物。外壁绘竹枝竹叶，较为写意。外底饰青花弦纹两周，内绘方形印章式花押。口径11.8、底径5.5、高2.2厘米（图六六，2；图版七八，3、4）。G2④：2，残。白胎，足底不施釉。侈口，尖唇，折腹，圈足，底平。内壁折沿处饰青花弦纹两周，以此为分界，将内壁分为内、外两部分，外圈绘花草卷云纹，内圈留白。内底青花线绘两条草龙，首尾相接，嘴衔芝草，身体弯曲。外壁青花绘竹枝竹叶，较为写意。外底饰青花弦纹两周。内绘方形印章式款识，方框内文字难辨。口径21、底径12、高3.9厘米（图六五，3；图版七八，5、6）。采集：27，残。白胎。侈口，圆唇，折腹，圈足，足梢尖，外底平。口沿内外各饰青花弦纹两周，内壁折腹、外壁圈足上缘饰青花弦纹一周。口径23.1、底径10、高4.6厘米（图六五，4；图版七九，1、2）。

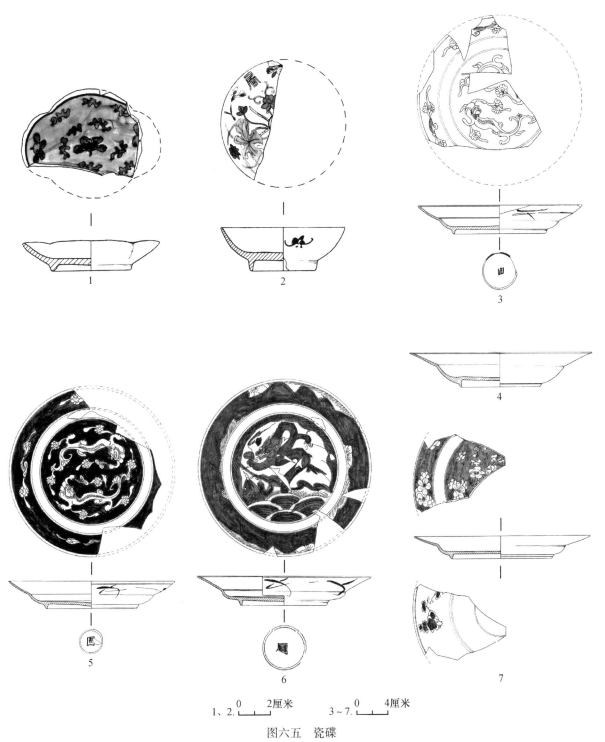

1、2. └─┴─┘ 2厘米　　　　3～7. └─┴─┘ 4厘米

图六五　瓷碟

1. B型釉上彩碟（H2：87）　2. A型釉上彩碟（WJ：25）　3～7. Bc型青花碟（G2④：2、采集：27、H2：18、H2：19、

H2：93）

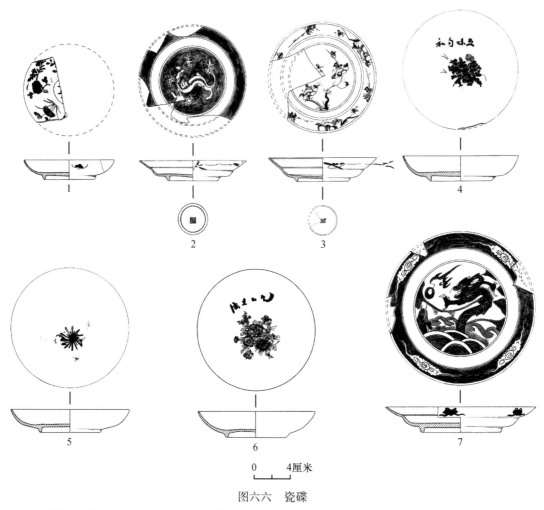

图六六　瓷碟

1、4~6. A型釉上彩碟（WJ∶26、采集∶122、采集∶123、采集∶60）　　2、3、7. Bc型青花碟（H2∶14、WJ∶8、H4∶7）

4. 釉上彩

13件。根据口沿的不同，分为二型。

A型　12件。敞口。采集∶122，略残。白胎。敞口，圆唇，弧腹，圈足，足梢尖，底平。内底贴牡丹等团花图案，并自右向左墨书"五味匀和"四字，行书。口径12.9、底径6.6、高2.7厘米（图六六，4；图版七九，3、4）。采集∶60，完整。白胎。敞口，圆唇，弧腹，圈足，底部略不平。内底贴牡丹等团花图案，并墨书"元人之法"四字，行书。外底以红彩绘花押，磨损不辨。口径13、底径6.5、高2.8厘米（图六六，6；图版七九，5、6）。采集∶123，完整。白胎。敞口，圆唇，弧腹，圈足，足梢尖，底平。内壁釉上彩绘图案大部分已脱落，仅余一朵菊花较为完整。口径12.8、底径6.5、高2.5厘米（图六六，5；图版八〇，1、2）。WJ∶26，残。白胎。敞口，圆唇，弧腹，圈足，足梢尖，底平。内壁以红、金、绿等彩绘荷花、荷叶等花卉图案，外壁以红彩绘蝠纹。口径10.4、底径5.7、高2.3厘米（图六六，1；图版八〇，3、4）。WJ∶25，残。白胎。敞口，圆唇，弧腹，圈足，足梢尖，底平。内壁以红、金等彩绘荷花、荷叶等水景图案，空处红彩书变体"寿"字。外壁红彩绘蝠纹。口径

6.7、底径3.3、高2.5厘米（图六五，2）。

B型 1件。花口。H2：87，残。白胎，足底不施釉。敞口，口沿四曲花瓣状，相邻两曲之间起棱，尖唇，斜直腹，圈足，底平。口沿内以红彩绘弦纹一周，其内以金彩为地，以黑彩、黄彩绘花卉纹。口长径9、短径7厘米，底长径4.9、短径2.9厘米，高1.7厘米（图六五，1；图版八〇，5、6）。

九、碗

675件。根据釉色的不同，可以分为青釉、酱釉、透明釉、蓝釉、釉上彩、青花等六类。

1. 青釉

39件。根据口沿的不同，分为五型。

A型 17件。敞口。根据腹部的不同，分为三亚型。

Aa型 1件。腹部弧圆。T2⑤：9，残。灰白胎，青釉，内施满釉，外釉不及底。敞口，尖圆唇，弧腹，玉璧底。口径17.5、底径6.5、高6.8厘米（图六七，9）。

Ab型 15件。腹部斜弧。T1J1：5，略残。红胎，青釉偏黄，内施满釉，外釉不及底。敞口，尖圆唇，弧腹，喇叭形圈足。碗心有五个支钉痕。口径15.3、底径7、高7.2厘米（图六八，5；图版八一，1~3）。T1J1：4，略残。红胎，青釉偏黄，内施满釉，外釉不及底。敞口，尖圆唇，弧腹，喇叭形矮圈足。碗心留有五个支钉痕。口径15、底径7、高7厘米（图六七，7）。DH2：1，残。灰胎，青釉，内施全釉，外壁施半釉。敞口，圆唇，弧腹，圈足，足墙厚，底平。内口沿下饰弦纹两周。内底有五个圆形支钉痕。口径12.4、底径6、高5厘米（图六七，2）。T2⑤：6，残。灰红胎，青黄釉，内施满釉，外釉不及底。敞口，圆唇，斜弧腹，圈足，足墙厚，旋削规整，底平。内口沿下方及底部饰一周凸弦纹，底部残留三个支钉痕。外口沿下方饰一周凹弦纹。口径15.9、底径5.5、高5厘米（图六七，6）。T2⑤：7，残。灰黄胎，青釉，内壁施满釉，外壁施釉不及底。敞口，尖唇，弧腹，圈足。内底残留三个支钉痕。口径16、底径6.5、高5厘米（图六八，9）。T1H7：2，残。灰黄胎，青釉，内施满釉，外施半釉。敞口，方唇，弧腹，圈足。内底有六个支钉痕。口径18、底径7.2、高7.2厘米（图六八，8；图版八一，4~6）。G1：34，残。红胎，青釉，已基本脱落，内施满釉，外施半釉。敞口，尖唇，弧腹，圈足。口径12.2、底径6.4、高4.2厘米（图六七，1；图版八二，1、2）。T2③：1，残。灰黄胎，青釉，已基本脱落，内施全釉，外壁施釉不及底。敞口，尖唇，弧腹，圈足，底略平。内壁口沿下刻弦纹一周，底部中心阳起一周弦纹。底部有五个支钉痕。口径12.8、底径5.3、高4.3厘米（图六七，4；图版八二，3、4）。G1⑧：3，残。灰胎，青釉，内施全釉，口沿部分流釉较多，外壁施釉不及底。敞口，圆唇，弧腹，圈足，内底烧造变形隆起。内底刻弦纹一周，弦纹周围有五个支钉痕。口径15.5、底径5.6、高5.5厘米（图六七，5；图版八二，5、6）。T2⑤：2，残。红胎，青釉，内壁满釉，外壁施釉不及底。敞口，圆唇，

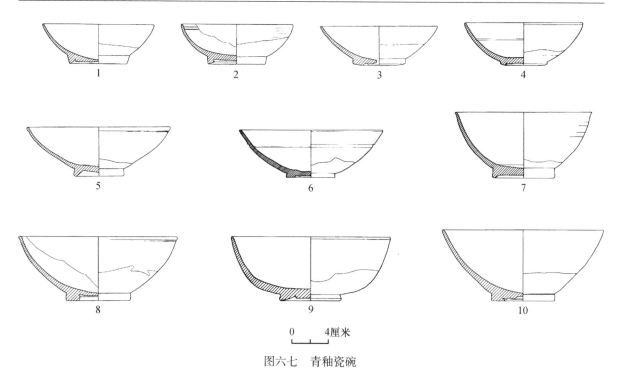

图六七　青釉瓷碗

1~8、10. Ab型（G1∶34、DH2∶1、T2⑥∶2、T2③∶1、G1⑧∶3、T2⑤∶6、T1J1∶4、T2④∶2、T2⑥∶1）

9. Aa型（T2⑤∶9）

弧腹，圈足，玉璧底。内底可见六个支烧痕。口径18、底径7.5、高6厘米（图六八，7）。
T2④∶2，残。灰红胎，青釉，内壁满釉，外壁施釉不及底。敞口，圆唇，弧腹，圈足，足墙
厚，旋削规整，圈足。内底可见六个支烧痕。口径16.8、底径8、高5.9厘米（图六七，8）。
T2⑥∶1，残。灰胎，青釉，表面釉均已脱落，内壁满釉，外壁施釉不及底。敞口，圆唇，弧腹，
圈足。内底可见四个支烧痕。口径17.9、底径7、高7.6厘米（图六七，10）。T2⑥∶2，残。灰
胎，青釉呈酱绿色，内施满釉，外施半釉。敞口，圆唇，弧腹，矮圈足，足墙厚，旋削规整。内
底残存一个支钉痕。口径12.8、底径6、高4.2厘米（图六七，3）。

Ac型　1件。腹部斜直。T2⑤∶5，残。灰胎，青釉，内施全釉，外壁施半釉。敞口，圆
唇，斜直腹，圈足，底平。内底有五个圆形支钉痕。口径18.6、底径6、高5厘米（图六八，4）。

B型　14件。侈口。T1⑨∶1，残。灰胎，青釉呈黄绿色，内壁满釉，外壁施釉至腹部
下。侈口微外撇，圆唇，弧腹，饼足，旋削规整，内底微凸起。口径12.2、底径4.2、高8.8厘
米（图六八，3）。T2⑤∶1，残。灰白胎，青黄釉，内施满釉，外釉不及底。侈口微外撇，
圆唇，弧腹，圈足。口径16、底径5.7、高4.3厘米（图六八，2）。T2①∶6，残。灰胎偏红，
青釉，内施满釉，外釉不及底。侈口，尖圆唇，弧腹，圈足，足墙厚，旋削规整。内壁刻划缠
枝卷草纹。底部留有五个支钉痕。口径12.3、底径3.8、高4厘米（图六八，1；图版八三，1、
2）。T1J1∶6，略残。灰胎偏红，青釉呈黄绿色，内外均施满釉，足底无釉。侈口，圆唇，
弧腹，圈足，足墙厚，旋削规整。内壁刻划缠枝花卉纹。口径15.6、底径5.2、高7厘米（图版
八三，3、4）。T2H17∶1，残。灰胎，青釉，内壁满釉，外壁半釉。侈口，圆唇，斜弧腹，

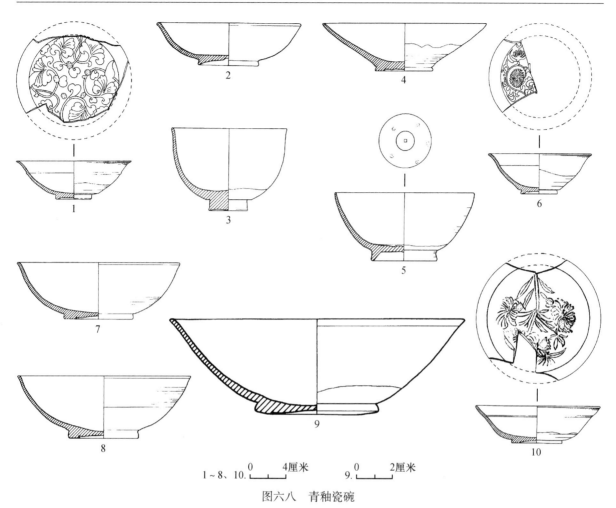

图六八　青釉瓷碗

1~3、6、10. B型（T2①：6、T2⑤：1、T1⑨：1、T2H17：1、T2⑤：3）　4. Ac型（T2⑤：5）　5、7~9. Ab型（T1J1：5、

T2⑤：2、T1H7：2、T2⑤：7）

圈足。内壁印缠枝花卉纹，底部残留两个支钉痕。口径11、底径3.2、高3.9厘米（图六八，6）。T2⑤：3，残。灰胎，青釉呈暗绿色，内施满釉，外施釉不及底。侈口，圆唇，斜弧腹，圈足，足墙厚，旋削规整。内壁口沿下刻弦纹一周。内底印缠枝花卉纹，线条阳起。口径14.2、底径5.5、高4厘米（图六八，10；图版八三，5、6）。T2⑧：2，残。灰胎，青釉，釉基本脱落，内施满釉，外施半釉。侈口，圆唇，弧腹，矮圈足，足墙厚，旋削规整。内底残留三个支钉痕。口径16.2、底径6.6、高5.8厘米（图六九，8；图版八四，1、2）。T2⑤：4，残。灰红胎，青釉，釉面已基本脱落，内壁满釉，外壁施釉不及底。侈口，圆唇，弧腹，圈足，玉璧底。内壁口沿下刻弦纹一周。内底可见六个支烧痕。口径12.8、底径5.5、高4.3厘米（图六九，4；图版八四，3、4）。T2①：1，残。灰红胎，青釉，釉面已基本脱落，内壁满釉，外壁施半釉。侈口，圆唇，弧腹，圈足，玉璧底。内底可见三个支烧痕。口径16.3、底径7、高6.7厘米（图七○，3）。T2⑤：17，残。灰胎，青釉呈暗绿色，内施全釉，外壁施半釉。侈口，圆唇，弧腹，圈足，足墙厚，旋削规整，底平。内底刻弦纹一周，周围残留三个圆形支钉痕。口径16.4、底径6、高5.2厘米（图七○，1）。G1⑨：1，残。灰白胎，青釉，内施满釉，

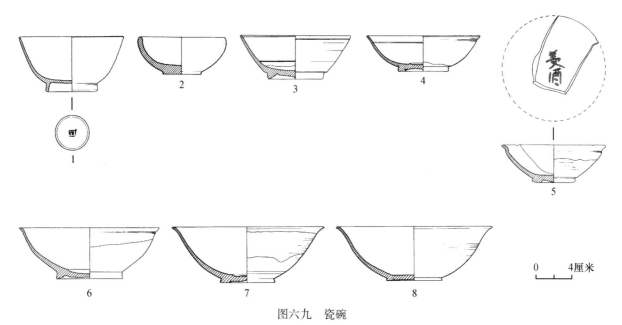

图六九　瓷碗

1、3.Aa型透明釉碗（H2：2、H2：37）　2.C型青釉碗（T1H5：1）　4、5、8.B型青釉碗（T2⑤：4、G1⑨：1、T2⑧：2）

6、7.A型酱釉碗（采集：100、T1H9：2）

外施半釉。侈口，葵口外撇，圆唇，微束颈，斜弧腹，矮圈足。内底心处以酱釉书"美酒"两字。口径12.8、底径4.5、高4厘米（图六九，5；图版八四，5、6）。

C型　4件。敛口。T1⑨：2，残。黄胎，青釉，釉已脱落。敛口，方唇，弧腹，饼足内凹，足墙略外撇，足底边缘旋削一周。口径15.9、底径5.7、高10.6厘米（图七○，7；图版八五，1、2）。T1H5：1，残。灰胎，青釉，釉已脱落，内施满釉，外仅口沿处施釉。口微敛，圆唇，弧腹，平底，底部有明显线切割痕迹。口径9.7、底径4.6、高3.9厘米（图六九，2；图版八五，3、4）。T1H14：2，残。红胎，内外口沿施青釉，部分流釉，表面釉多已脱落，呈现出灰白色。口微敛，圆唇，弧腹，饼足内凹，足梢经旋削，器壁较厚。内壁拉坯留下波浪状表面。口径17、底径7.3、高7.4厘米（图七○，5；图版八五，5、6）。T1J1：1，残。灰胎，青釉呈酱青色，内壁施满釉，外壁施半釉。口微敛，圆唇，弧腹，圈足，足墙厚，旋削规整。内底残留四个支钉痕。口径17.5、底径5.2、高6.8厘米（图七○，4）。

D型　1件。折沿口。WJ：11，残。灰胎，青釉，脱釉严重，内壁满釉，外壁施釉不及底。折沿口，圆唇下卷成沿，弧腹，圈足。内底可见一个支烧痕。口径15.1、底径5.5、高6.8厘米（图七○，2）。

E型　3件。花口。T2⑧：3，残。灰黄胎，青釉，外底不施釉。花口，尖唇，斜腹，圈足，底平。内外皆光素无纹。口径19.6、底径7.3、高7.2厘米（图七○，8）。T2①：24，残。灰白胎，青黄釉，内外均施满釉。花口，圆唇，斜弧腹，喇叭形圈足。口径20.2、底径7.3、高7.5厘米（图版八六，1）。

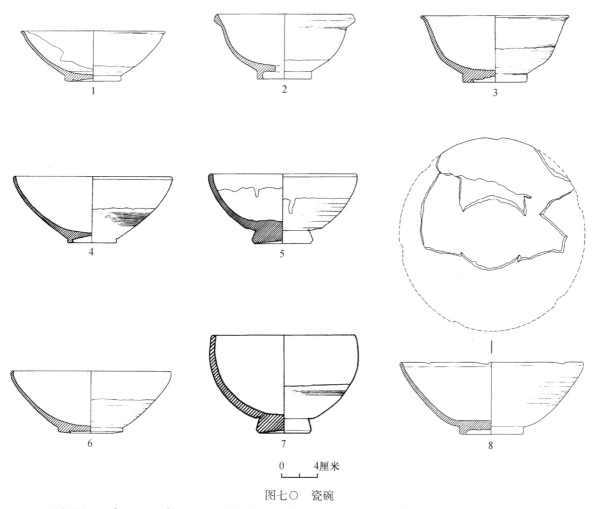

0　　　　4厘米

图七〇　瓷碗

1、3.B型青釉碗（T2⑤：17、T2①：1）　　2.D型青釉碗（WJ：11）　　4、5、7.C型青釉碗（T1J1：1、T1H14：2、T1⑨：2）
6.B型酱釉碗（T2①：7）　　8.E型青釉碗（T2⑧：3）

2. 酱釉

6件。根据口沿的不同，分为二型。

A型　4件。侈口。采集：100，残。灰黑胎，酱釉，内施满釉，外施半釉。侈口，尖唇，弧腹，圈足，足墙厚，旋削外高内低。内底可见五个支钉痕。口径15.8、底径7.3、高5.5厘米（图六九，6；图版八六，2）。T1H9：2，残。灰胎，酱釉，内施满釉，外壁施釉不及底。侈口，尖唇，弧腹，圈足，足墙厚，旋削规整。内底刻划弦纹两周，周围可见五个支钉痕。口径17.2、底径6、高5.6厘米（图六九，7；图版八六，3）。G1⑧：1，残。灰胎，酱釉，内施满釉，外施半釉，内口沿一周刮釉。侈口微外撇，圆唇，斜弧腹，饼足，足内有旋削痕。内底残留三个支钉痕。口径16.6、底径6.7、高6.2厘米。

B型　2件。敛口。T2①：7，残。灰胎，酱釉，内施满釉，外施釉不及腹中，口沿一周刮釉。敛口，圆唇，弧腹，圈足，足墙厚，旋削规整。内底残留三个支钉痕。口径17、底径7、高6.5厘米（图七〇，6；图版八六，4）。

3. 透明釉

41件。根据口沿的不同，分为三型。

A型　36件。敞口。根据腹部的不同，分为二亚型。

Aa型　35件。腹部斜弧。H2：2，残。白胎，内外壁施透明釉。敞口，圆唇，斜弧腹，圈足，内外底平。口沿涂赭彩一周。外底饰弦纹两周，其内绘近方形花押。口径11.7、底径5.8、高5.9厘米（图六九，1；图版八六，5、6）。H2：37，残。灰胎，胎质疏松，施透明釉，内底有涩圈，外壁施釉不及圈足。敞口，圆唇，斜弧腹，圈足，足墙厚，足梢尖，外底心凸起。口沿内外壁下缘、内底外缘以墨彩各饰弦纹一周。口径12.2、底径6、高4.6厘米（图六九，3；图版八七，1、2）。H2：38，残。灰白胎，内外施满透明釉，外底及圈足下方不施釉。敞口，圆唇，斜弧腹，圈足，足墙经旋削。口径14、底径6.5、高5.2厘米（图七一，4；图版八七，3）。H2：40，残。白胎，内外壁施透明釉，足墙底、外底不施釉。敞口，圆唇，斜弧腹，圈足，内底平，外底中心凸起。口径11.4、底径5、高5.5厘米（图七一，2；图版八七，4）。H3：2，残。灰胎，内外壁施透明釉，外底不施釉。敞口，圆唇，斜弧腹，圈足，内底平，外底中心凸起。口径13.5、底径6.3、高4.6厘米（图七一，1；图版八七，5）。H4：6，残。白胎，内外均施透明釉。敞口，圆唇，斜弧腹，圈足，底平。口沿一周涂赭彩。口径11.5、底径5.4、高6厘米（图七一，6；图版八七，6）。采集：109，残。灰白胎，内外均施透明釉，鸭蛋青釉色。敞口，圆唇，弧腹，圈足，足端尖，底平。外底中心青花绘方形底款框，字迹不全，难以辨认。口径14、底径5、高5.3厘米（图七二，3）。

Ab型　1件。腹部斜直。WJ：28，残。白胎，内底外缘涩圈不施釉，外壁满釉。敞口，圆唇，斜直腹，圈足，底平。口沿涂一周蓝彩。口径9.7、底径5.5、高4.2厘米（图七二，1；图版八八，1）。

B型　4件。侈口。T2①：4，残。灰白胎，施透明釉，鸭蛋青釉色，内外均施釉，足底无釉。侈口，折沿，尖唇，弧直腹，高圈足。口径11.7、底径4.8、高6.5厘米（图七一，3；图版八八，3、4）。WJ：12，残。白胎，内外均施满透明釉。侈口，尖唇，弧腹，圈足，足梢经

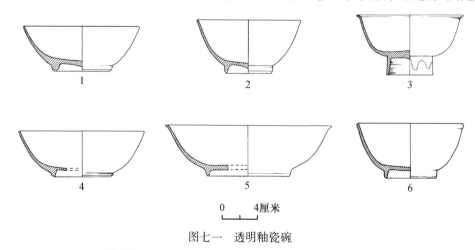

0　　　4厘米

图七一　透明釉瓷碗

1、2、4、6. Aa型（H3：2、H2：40、H2：38、H4：6）　3、5. B型（T2①：4、WJ：12）

打磨修整，底平。口径18.7、底径8.4、高5.5厘米（图七一，5；图版八八，2）。

C型　1件。花口。H2：39，残。灰胎，施釉明釉，内外施半釉，足墙底及外底不施釉。花口，圆唇，斜腹，圈足。口径13.4、底径6、高5厘米（图七二，4）。

4. 蓝釉

3件。根据口沿的不同，分为二型。

A型　2件。敞口。H2：12，残。白胎，内壁及外底施透明釉，外壁及足墙均为蓝釉。敞口，圆唇，弧腹，圈足，足梢尖，外底略下凸。腹部中央有扇形开光，开光内白底蓝釉线绘花束。口径15.2、底径6.1、高6厘米（图七二，5；图版八八，5、6）。

B型　1件。侈口。H2：46，残。白胎，内施透明釉，外施蓝釉。侈口，弧腹，圈足，足底旋削成外高内低，足墙厚，底平。口径9.3、底径4.3、高4.7厘米（图七二，2；图版八八，7、8）。

5. 釉上彩

27件。根据口沿的不同，分为三型。

A型　23件。敞口。根据腹部弧度的不同，分为二亚型。

Aa型　21件。腹部斜弧。此型纹饰种类较多。采集：150，基本完整。白胎，通体施透明釉。敞口，尖唇，斜弧腹，圈足外敛内直，足梢尖，外底中心略下凸。外壁口沿饰一周宽带

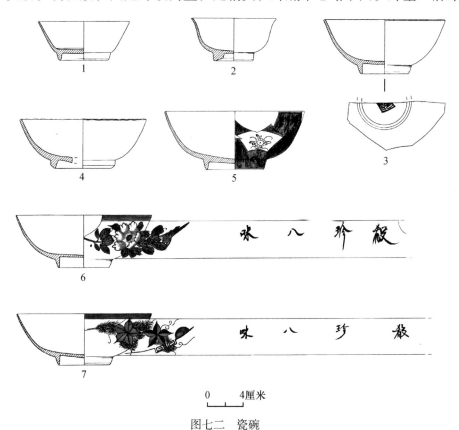

图七二　瓷碗

1. Ab型透明釉碗（WJ：28）　2. B型蓝釉碗（H2：46）　3. Aa型透明釉碗（采集：109）　4. C型透明釉碗（H2：39）

5. A型蓝釉碗（H2：12）　6、7. Aa型釉上彩碗（采集：149、采集：150）

纹，宽带纹下为花卉纹，两朵花，花瓣五瓣，瓣尖突出，叶子呈针状，叶下为两个"回"纹装饰。外壁中央另有自右向左墨书的"殽珍八味"四字，行书。外底中心绘方形款识框，内容不辨。口径15.6、底径6、高5.8厘米（图七二，7；图版八九，1、2）。采集：149，残。白胎，通体施透明釉。敞口，尖唇，斜弧腹，圈足，足梢尖，外底中心略下凸。外壁口沿饰一周宽带纹，宽带纹下绘枝叶拥簇的一朵牡丹，花瓣六瓣，花蕊直线状围绕花心。外壁中央另有自右向左墨书的"殽珍八味"四字，行书。外底中心绘方形款识框，内容不辨。口径15.7、底径5.9、高5.9厘米（图七二，6；图版八九，3、4）。采集：148，完整。白胎，通体施透明釉。敞口，尖唇，斜弧腹，圈足，足梢尖，外底平。外壁口沿、足墙顶部各饰一周弦纹，弦纹之间的腹部绘一篮鲜花，鲜花周围装饰兰草。外壁中央另有自右向左墨书的"花留清香"四字，行书。外底有"御竹出品"四字底款，自右向左两列，每列二字，"竹"字为艺术字，笔画似竹叶，其余字为楷书。口径15.7、底径5.8、高5.9厘米（图七三，1；图版八九，5、6）。采集：158，基本完整。白胎，通体施透明釉。敞口，尖唇，斜弧腹，圈足，足梢尖，外底中心略下凸。外壁口沿、足墙顶部各饰一周弦纹，弦纹之间绘向日葵、菊花等花卉，枝叶围绕。外壁中央另有自右向左墨书的"殽珍八味"四字，行书。外底中心绘方形款识框，内容不辨。口径15.8、底径5.8、高5.7厘米（图七三，3；图版八九，7、8）。采集：159，完整。白胎，通体施透明釉。敞口，尖唇，斜弧腹，圈足，足梢尖，外底平。外壁绘风景图，远山之外两艘渔船，风帆扬起，鸥鹭点点，近处水渚倒影远山，岸边篱笆绕屋、绿树掩映，树上布满红色果实。外壁中央另有自右向左墨书的"饮和食德"四字，行书。外底绘菱形框，内自右向左墨书"福记"二字底款，楷书。口径15.8、底径6、高5.8厘米（图七三，2；图版九〇，1、2）。采集：154，略残。白胎，通体施透明釉。敞口，尖唇，斜弧腹，圈足，足梢尖，外底平。外壁口沿、足墙顶部各饰一周弦纹，弦纹之间的腹部绘一束鲜花，鲜花周围装饰兰草。外壁中央另有自右向左墨书的"花留清香"四字，行书。口径15.9、底径5.8、高6.4厘米（图七三，5；图版九〇，3、4）。采集：155，基本完整。白胎，通体施透明釉。敞口，尖唇，斜弧腹，圈足，足梢尖，外底平。外壁口沿、足墙顶部各饰一周弦纹，弦纹之间的腹部绘一束鲜花，鲜花周围装饰兰草。外壁中央另有自右向左墨书的"殽珍八味"四字，行书。外底中心绘方形款识框，内容不辨。口径15.6、底径6.2、高5.5厘米（图七三，4；图版九〇，5、6）。采集：156，完整。白胎，通体施透明釉。敞口，尖唇，斜弧腹，圈足，足梢尖，外底平。外壁口沿、足墙顶部各饰一周弦纹，弦纹之间的腹部绘一篮鲜花，鲜花周围装饰兰草。外壁中央另有自右向左墨书的"五味调和"四字，行书。外底中心绘方形款识框，内容不辨。口径15.2、底径5.8、高5.7厘米（图七四，3；图版九一，1、2）。采集：83，完整。白胎，通体施透明釉。敞口，尖唇，斜弧腹，圈足，足梢尖，外底平。外壁以红、绿、墨等釉上彩绘风景图，远山绿树成荫，山之外两艘渔船，风帆扬起，鸥鹭点点，近处岸边篱笆绕屋、绿树掩映，树上布满红色果实。外壁中央另墨书"德"字，草书。口径15.4、底径5.6、高6厘米（图七四，2；图版九一，3、4）。采集：87，残。白胎，通体施透明釉。敞口，圆唇，斜弧腹，圈足，足梢尖，底部下凸。外壁金彩绘仙鹤及抽象的松针。口径15.5、底径5.8、高6厘米（图七四，1；图版九一，5、6）。G1R1：2，残。白胎，通体施透明釉。敞口，圆唇，斜弧腹，圈足，足墙外侈，足梢

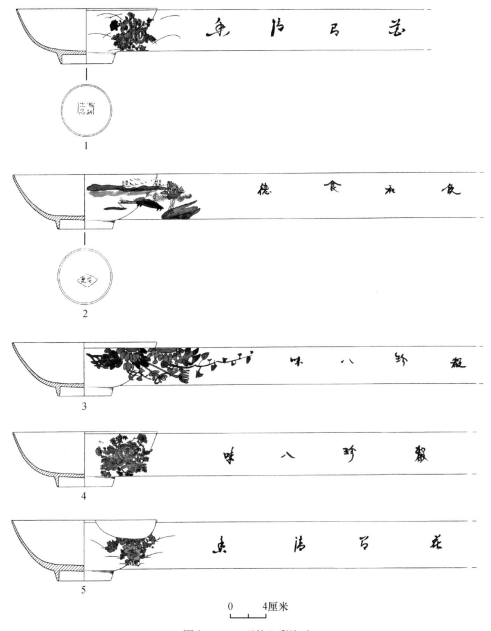

图七三　Aa型釉上彩瓷碗
1.采集：148　2.采集：159　3.采集：158　4.采集：155　5.采集：154

尖，底部中间下凸。内底似红彩绘花卉纹。外壁红彩绘花卉纹、变体"寿"字。外底中心红彩绘方形款识框，内容不辨。口径15.4、底径6、高5.4厘米（图七五，2；图版九一，7、8）。采集：118，残。白胎，通体施透明釉。敞口，圆唇，斜弧腹，高圈足，底部平。口沿外下缘饰红色弦纹两周，其下饰一周红色三叶纹。外壁绘红色龙纹，龙头怒视前方，口吐长舌，须发皆张，龙身细绘龙鳞，龙爪四趾，龙首前方有一宝珠，四周装饰黄绿色火焰纹。口径15.5、底径6.3、高5.7厘米（图七六，2；图版九二，1、2）。采集：119，残。白胎，通体施透明釉。敞口，圆唇，斜弧腹，圈足，足墙微敛，足梢尖，底部平。口沿外侧下缘饰红色花草纹一周。外壁绘太极阴阳鱼图案，圆周外逆时针绘芒纹，太极周围绘火状、漩涡状云纹。方形红色底款不

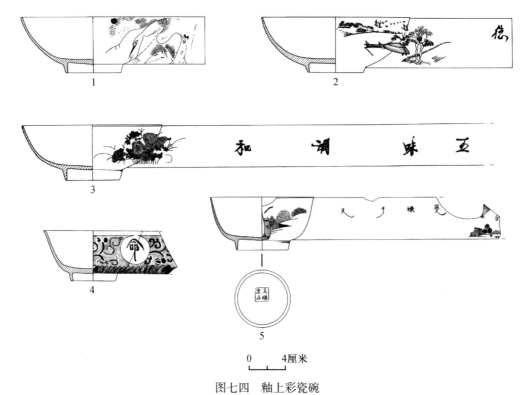

图七四　釉上彩瓷碗

1～3.Aa型（采集：87、采集：83、采集：156）　4.B型（采集：49）　5.Ab型（采集：134）

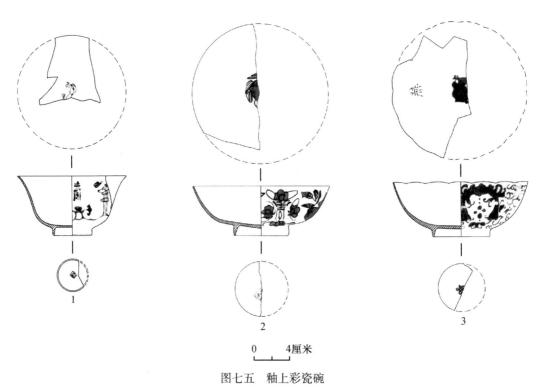

图七五　釉上彩瓷碗

1.B型（G3③：29）　2.Aa型（G1R1：2）　3.C型（XJ：14）

辨。口径16.8、底径6、高6.2厘米（图七六，1；图版九二，3、4）。

Ab型　2件。腹部弧度较陡。采集：134，残。白胎，内外施透明釉。敞口，圆唇，陡弧腹，圈足，平底。口沿外施金彩一周。腹部一半以浅绿、红、蓝、黑等色彩釉绘树、草、花、水岸、远山等景物。另一半自右向左墨书"受禄于天"四字，隶书。外底中心红彩绘方形底款，内书"玉顺出品"，楷书。口径11.5、底径6、高5.8厘米（图七四，5；图版九三，1、2）。H2：126，残。白胎，通体施透明釉。敞口，圆唇，陡弧腹，圈足，足墙外侈，底平。内底点绘三个红色浮萍状物，呈"品"字形。外壁红色绘一儿童，左臂伸出，地上红、绿色绘花草。外底饰两周青花粗弦纹，方形款识内绘花押。口径11、底径4.7、高4.9厘米（图七七，1；图版九二，5、6）。

B型　3件。侈口。采集：49，残。白胎，内外施透明釉。侈口，圆唇，弧腹，高圈足，足墙稍略内收，外底平。腹部以黄色为地，以绿、蓝、粉等色绘缠枝纹，两枝缠枝间有白色开光，内以红彩写"命"字，楷书。腹部下缘饰一周绿色仰莲纹。口径11.2、底径5、高5.2厘米（图七四，4；图版九三，3、4）。G3③：29，残。白胎，内外施透明釉。侈口，尖唇，弧腹，高圈足，底平。内底以红彩线绘花蕾一朵，周围墨绘花叶。外壁以金彩写"寿"字，其下为缠枝花卉、莲花装饰。外底青花饰弦纹两周，中心双线绘一方形底款，内写文字难以辨识。口径11.4、底径4.3、高6.1厘米（图七五，1；图版九三，5、6）。H3：11，残。灰白胎，通体

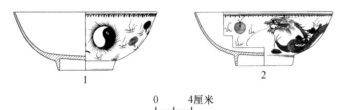

0　　　4厘米

图七六　Aa型釉上彩瓷碗
1. 采集：119　2. 采集：118

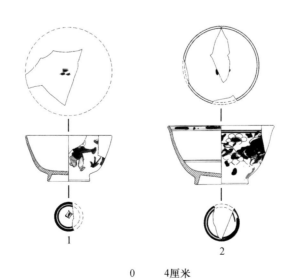

0　　　4厘米

图七七　釉上彩瓷碗
1. Ab型（H2：126）　2. B型（H3：11）

施透明釉。侈口，尖唇，弧腹，高圈足，底平。口沿内外下缘各饰两周青花弦纹。内壁口沿与弦纹间红色涂绘花卉纹，与外壁花纹相联系。内底边缘装饰青花弦纹两周，其内残存少许涂绘痕迹。外壁弦纹下的腹部及足墙绘红色缠枝花卉纹。外底饰青花弦纹两周，中部残缺。口径13.6、底径6.6、高7.3厘米（图七七，2；图版九二，7、8）。

C型　1件。花口。XJ：14，残。白胎，通体施透明釉。花口，尖唇，弧腹，圈足，足梢尖，底平。口沿一周涂金色。内底红彩绘葫芦形色块，磨蚀不明，色块旁边刻有一"燕"字。外壁以红、金、银等色彩绘双"喜"、蝙蝠、佛手瓜、缠枝花卉等图案。外底中心以红彩绘吉祥结图案。口径15、底径5.7、高5.5厘米（图七五，3；图版九三，7、8）。

6. 青花

559件。根据口沿的变化，分为三型。

A型　428件。敞口。根据腹部弧直程度的不同，分为四亚型。

Aa型　207件。腹部弧圆。DM：4，残。白胎。敞口，圆唇，圆弧腹，圈足，足墙高直，足端尖，外底中部下凸。内外壁绘一条龙。内壁口沿边缘绘日月图案，与龙头呈一条直线。龙头绘于碗底，双目圆睁，须发皆张，龙身盘屈，部分龙身延伸至外壁，腹甲呈条状，背上密布龙鳞，龙爪五趾。内外壁皆以云纹装饰龙身上下空白处。外底饰弦纹两周，中心绘方形底款，内书"神"字，隶书。口径15.1、底径6、高6.4厘米（图七八，4；图版九四，1～3）。WJ：13，残。白胎。敞口，尖唇，圆弧腹，高圈足，足梢尖，底平。口沿外下缘饰弦纹两周。外壁弦纹下线绘缠枝牡丹纹。足墙饰粗弦纹两周。外底饰弦纹两周，底心绘方形底款框，内部文字难辨，篆书。口径12.5、底径5.6、高6.4厘米（图七九，4；图版九四，4～6）。T1①：11，残。白胎。敞口，圆唇，圆弧腹，圈足，足墙微敛，足端尖，底略平。口沿内外下缘饰弦纹两周。内底饰弦纹两周，底心涂绘五瓣花一朵。外壁绘缠枝花卉纹，腹部下端以一周花瓣纹装饰。足墙饰弦纹两周。口径19.2、底径7.4、高7.5厘米（图七八，5；图版九五，1、2）。H2：21，残。灰白胎，外底不施釉。敞口，圆唇，圆弧腹，圈足，外底中部下凸。内壁口沿下饰青花弦纹一周，内青花绘写意图案。外壁口沿下饰青花弦纹两周，并青花绘简略的婴戏纹八处，青花颜色灰暗。口径12.3、底径5.3、高5.5厘米（图七八，2；图版九五，3、4）。G2H1：5，残。白胎。敞口，圆唇，圆弧腹，高圈足，足墙略内敛，外底平。内壁青花绘龙一条，龙身体团屈于碗内，头部须发皆张，身上龙鳞呈"W"状，龙爪四趾。龙身延伸至外壁，内外均围绕云纹。外底绘弦纹两周，底心青花线绘必（笔）定（锭）如意花押款识。口径12.2、底径4.7、高5.6厘米（图七八，3；图版九五，5、6）。G3③：10，残。白胎。敞口，圆唇，圆弧腹，高圈足，足墙略外侈，外底平。口沿内外下缘各饰青花弦纹两周。内底饰青花弦纹两周，底心青花涂绘西番莲一朵，绕以四片叶子。外壁上方青花绘缠枝西番莲。下方线绘一周仰莲瓣纹。足墙饰青花弦纹两周。口径15.2、底径6.4、高6.9厘米（图七九，3；图版九五，7、8）。G3①：5，残。灰白胎，内底不施釉。敞口，尖唇，圆弧腹，圈足，外底下凸。外壁青花涂绘瑞草、方块等图形。口径14.3、底径7.5、高5.2厘米（图七九，2；图版九六，1、2）。G3③：14，残。白胎。敞口，圆唇，圆弧腹，圈足，足端

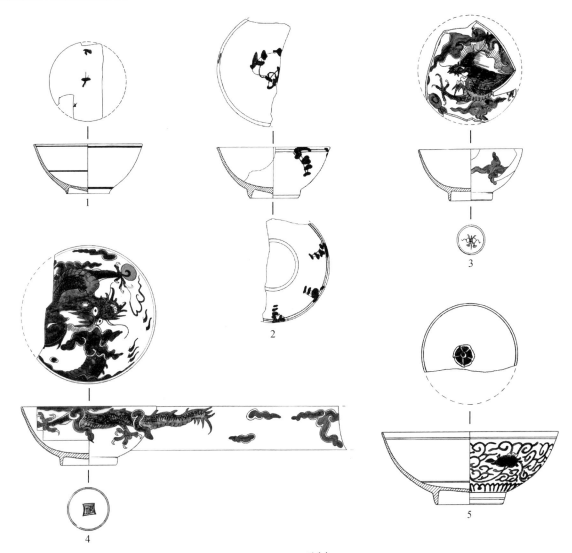

0　　　　4厘米

图七八　Aa型青花瓷碗

1. G3③：23　2. H2：21　3. G2H1：5　4. DM：4　5. T1①：11

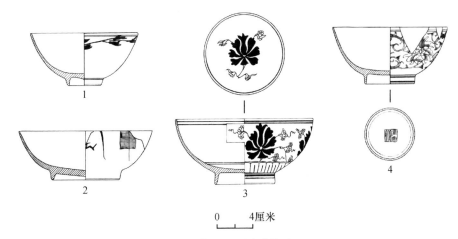

0　　　　4厘米

图七九　Aa型青花瓷碗

1. G3③：14　2. G3①：5　3. G3③：10　4. WJ：13

尖，外底中心凸起。口沿一周涂金色，外下缘饰青花弦纹两周。外壁青花涂绘花卉枝叶。足墙上部饰青花弦纹两周。口径12.2、底径4.5、高5.6厘米（图七九，1；图版九六，3、4）。G3③：23，残。灰白胎，外底不施釉。敞口，圆唇，圆弧腹，圈足，足梢尖，外底中心凸起。口沿内外下缘、内底外缘各饰青花弦纹一周。内壁青花绘较为简略的瑞草纹。足墙饰弦纹一周。口径12.2、底径4.8、高4.9厘米（图七八，1；图版九六，5、6）。G3③：24，残。灰白胎，外底不施釉。敞口，圆唇，圆弧腹，圈足，外底平。口沿一周涂金色，内下缘饰青花弦纹一周。内底心残存少许花叶。外壁口沿下缘及足墙各饰青花弦纹两周，中间青花绘简略的花卉纹，较为写意。口径12.2、底径5.4、高5.6厘米（图八〇，1；图版九六，7、8）。H2：52，残。白胎。敞口，圆唇，圆弧腹，高圈足。口沿内外下缘各饰青花弦纹两周。内底饰青花弦纹两周，内底心纹饰残缺。外壁青花绘一儿童立于地面，头上扎两小辫，右手上扬，左手持一球状物，旁绘树、草、云等物。足墙、外底各饰青花弦纹两周。口径13.9、底径4.6、高6.7厘米（图八〇，2；图版九七，1、2）。H2：53，残。白胎。敞口，圆唇，圆弧腹，圈足，外底平。口沿内外下缘各饰青花弦纹两周。内底饰青花弦纹两周，内底心青花线绘花叶一枝。外壁纹饰分上、下两部分，上部青花线绘椭圆形，其间点缀大椭圆形、菱形、三角形等几何纹饰，下部青花绘简略的莲瓣纹。足墙、外底各饰青花弦纹两周。外底中心青花双线绘菱形花押。口径13、底径5.6、高5.4厘米（图八一，3；图版九七，3、4）。H2：63，残。白胎。敞口，圆唇，圆弧腹，圈足，足墙略内敛，外底心略下凸。口沿内外下缘各饰青花弦纹两周，口外缘弦纹间线绘简化卷云纹一周。内底饰青花弦纹两周，中心青花线绘牡丹花叶一枝。外壁青花绘缠枝牡丹纹。足墙饰青花弦纹两周。口径19.6、底径7.4、高7.5厘米（图八〇，5；图版九七，5、6）。H2：8，残。白胎。敞口，圆唇，弧腹，高圈足，外底心略下凸。口沿内下缘饰弦纹一周。内底饰弦纹两周，底心绘六瓣花一朵。外壁口沿下饰弦纹两周，其下青花绘缠枝花卉纹，腹部下方以仰莲瓣装饰一周。足墙饰弦纹两周。外底饰弦纹两周，底心自右向左青花书写"大清雍正年制"两行六字楷书款。口径9.6、底径3.6、高4.6厘米（图八一，2；图版九七，7、8）。H2：64，残。白胎。敞口，圆唇，圆弧腹，高圈足，足墙略内敛，外底平。口沿内外下缘各饰青花弦纹两周。内底饰青花弦纹两周，内底心青花线绘瑞草纹。外壁青花绘松、竹、梅"岁寒三友"。口径18.7、底径6.7、高7.4厘米（图八〇，6；图版九八，1、2）。G2H1：4，残。白胎。敞口，圆唇，圆弧腹，高圈足，外底略下凸。口沿内外下缘各饰青花粗弦纹一周。内底饰青花弦纹两周，中心青花绘展翅的蝙蝠一只。外壁青花绘圆形变体篆书"寿"字四个，均呈圆形。每两个"寿"字间绘蝙蝠两只，上下排列，头部相对。腹部下端青花绘半圆形及羽毛状纹饰。外底饰一周青花弦纹，内青花绘必定如意款。口径9.9、底径4.2、高5厘米（图八〇，4；图版九八，3、4）。H2：45，残。白胎。敞口，圆唇，圆弧腹，高圈足，底平。口沿内外下缘青花饰弦纹，内壁一周，外壁两周。内底饰青花弦纹两周，底部中央青花线绘瑞草纹。外壁青花绘松、竹、梅"岁寒三友"图。外底饰青花弦纹两周，字款残，可辨竖写两列，列首二字为"大""正"，其余无存。口径9.5、底径3.5、高4.6厘米（图八一，1；图版九八，5、6）。H1：3，残。白胎。敞口，圆唇，圆弧腹，圈足，足端尖，外底略平。内底饰青花弦纹两周，内青花绘灵芝瑞草纹。外壁中央饰青花弦纹一周，将外壁分为上、下两部分，

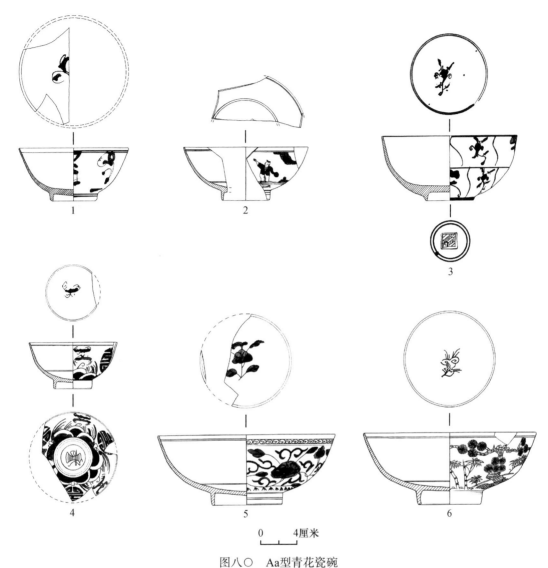

图八〇　Aa型青花瓷碗

1. G3③：24　2. H2：52　3. H1：3　4. G2H1：4　5. H2：63　6. H2：64

上下层青花绘写意的灵芝端草纹，每两枝之间以"S"线区隔。外底饰青花粗弦纹两周，中心画方形底款，其内绘横竖线条。口径14.6、底径6.1、高6.8厘米（图八〇，3；图版九八，7、8）。H2：120，残。白胎。敞口，尖唇，圆弧腹，高圈足，外底平。口沿内外下缘饰青花弦纹两周。内底饰青花弦纹两周，弦纹之内青花写艺术体"福禄寿"三字，组成一个圆形。外壁弦纹之下青花书写一周变体"寿"字纹，篆书，每个"寿"字写法各不相同。足墙饰青花弦纹两周。外底青花绘弦纹两周，弦纹内书"大清雍正年制"，共两行三列，每列二字，自右向左书写，楷书。口径9.6、底径3.8、高4.5厘米（图八二，1；图版九九，1~3）。H2：82，残。白胎。敞口，尖唇，圆弧腹，高圈足，外底略向下凸。口沿内外下缘饰青花弦纹两周。内底饰青花弦纹两周，弦纹之内青花书一"福"字，隶书。外壁弦纹之下青花密集书写四周变体"寿"字纹，布满整个外壁。近口沿的一周字最大，近足墙的一周字最小，由上至下逐周变小。足墙饰青花弦纹三周，其中两周在上，近碗腹；一周近碗足。口径15、底径6.3、高6.3厘米

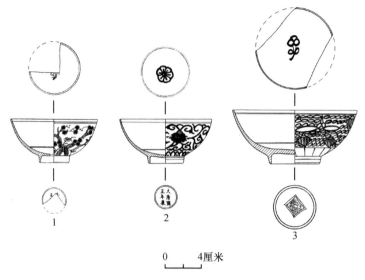

图八一　　Aa型青花瓷碗
1. H2：45　2. H2：8　3. H2：53

（图八二，2；图版九九，4~6）。H2：83，略残。白胎。敞口，圆唇，圆弧腹，高圈足，外底平。口沿内下缘饰青花弦纹一周。内底饰青花弦纹两周，弦纹之内青花写一"福"字，隶书。外壁弦纹之下密集书写三周变体"寿"字，布满整个外壁，三周字体大小相近。外底青花绘弦纹一周，弦纹内写"大清雍正年制"，共两行三列，自右向左书写，楷书。口径9.7、底径4、高4.8厘米（图八二，4；图版一〇〇，1~3）。CQ①：4，残。白胎。敞口，尖唇，圆弧腹，高圈足，外底中心略下凸。口沿内下缘饰青花弦纹两周。内底饰青花弦纹两周，弦纹之内青花写一梵文。外壁弦纹之下密集青花书写三周变体"寿"字纹，布满整个外壁。近口沿的一周字最大，近足墙的一周字最小，由上至下逐周变小。足墙饰弦纹两周。外底青花绘弦纹两周，弦纹内绘方形底款，其内图像难辨。口径10.2、底径4.2、高5厘米（图八二，5；图版一〇〇，4~6）。H2：84，残。白胎。敞口，尖唇，圆弧腹，高圈足，外底平。口沿内外下缘饰两周青花弦纹。内底饰青花弦纹两周，弦纹之内青花写艺术体"寿"字。外壁弦纹之下密集青花书写五周变体"寿"字纹，布满整个外壁。近口沿的一周字最大，近足墙的一周字最小，由上至下逐周变小。足墙饰青花弦纹三周，其中两周在上，近碗腹；一周近碗足。口径17.7、底径7.2、高7厘米（图八二，7；图版一〇一，1、2）。H2：85，残。白胎。敞口，尖唇，圆弧腹，高圈足，外底平。口沿内外下缘饰青花弦纹两周。内底饰青花弦纹两周，弦纹之内青花写艺术体"寿"字。外壁弦纹之下青花写五周变体"寿"字纹，布满整个外壁，五周文字大小相当。足墙饰青花弦纹三周，其中两周在上，近碗腹；一周近碗足。外底青花绘弦纹两周，弦纹内写"大清雍正年制"，共两行三列，自右向左书写，楷书。口径18.6、底径7.2、高7.5厘米（图八二，8；图版一〇一，3、4）。T1①：14，残。灰白胎。敞口，尖唇，圆弧腹，圈足，外底平。口沿内外饰青花弦纹一周。内底饰青花弦纹两周，弦纹内涩圈。底心施釉，青花写一变体"寿"字纹。外壁弦纹之下青花写两周变体"寿"字纹，上列较密集，下列疏朗。足墙饰弦纹两周。口径12、底径5.5、高5.8厘米（图八二，6；图版一〇一，5、6）。采

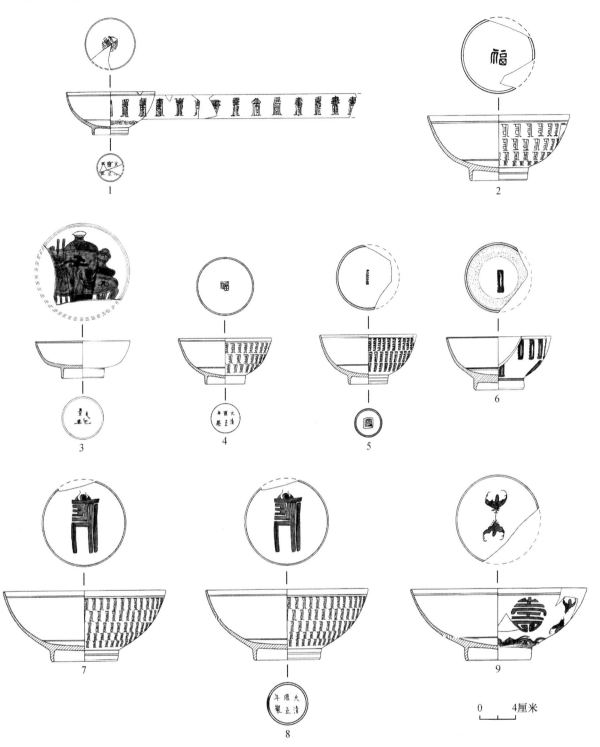

图八二 Aa型青花瓷碗

1. H2：120　2. H2：82　3. 采集：26　4. H2：83　5. CQ①：4　6. T1①：14　7. H2：84　8. H2：85　9. H2：65

集：26，残。白胎。敞口，圆唇，圆弧腹，圈足。口沿内下缘饰青花弦纹两周。内底自右向左青花绘鼎、梅瓶、瓿等三件供器。底款不辨。口径9.9、底径4.4、高3.9厘米（图八二，3）。H2：65，残。白胎。敞口，圆唇，圆弧腹，高圈足，外底略下凸。口沿内外下缘各饰青花弦纹两周。内底饰青花弦纹两周，弦纹内青花绘展翅的蝙蝠两只，头部相对。外壁青花绘圆形变体篆书"寿"字，字旁绘蝙蝠纹，与内底同。腹下至足墙间青花绘一周山石、波浪纹饰。口径19.8、底径7.2、高7.4厘米（图八二，9；图版一〇一，7、8）。采集：86，残。白胎。敞口，尖唇，圆弧腹，圈足，足端尖，底部微下凸。内底饰青花弦纹两周，底心残存兰草纹。口沿外下缘饰青花弦纹两周，外壁似青花绘竹叶纹。外底饰青花弦纹两周，底心残存"雍正年制"，隶书。口径10.8、底径3.4、高4.4厘米（图八三，4）。H2：106，残。白胎。敞口，圆唇，圆弧腹，圈足，外底心下凸。口沿内外下缘、内底各饰青花弦纹两周。内底青花绘草纹。外壁腹部青花绘柳树、青草、鸿雁等。一人蹲踞湖边，头上束发，长袍，双手体前持物。外底饰青花弦纹两周，内青花书"大清雍正年制"，两行三列，楷书。口径10.4、底径4.3、高5.1厘米（图八四，1；图版一〇二，1、2）。H2：97，残。白胎。敞口，圆唇，圆弧腹，高圈足，底平。内底中心青花绘圆形，内写"卍"字纹，圆形外装饰四朵祥云。内壁腹部青花绘两只凤凰，冠似灵芝，双翼展开，双凤之间以竹枝区隔。外壁图案与内壁近似，两只凤凰以竹枝间隔。口径18.7、底径7、高7.5厘米（图八四，5；图版一〇二，3、4）。采集：115，残。灰白胎。敞口，圆唇，圆弧腹，圈足，底部平。口沿外下缘饰青花粗弦纹一周。外壁青花书写"双喜"，两边装饰写意的花卉宝图案。足墙饰青花粗弦纹一周。口径13.6、底径5.1、高5.1厘米（图八四，3；图版一〇二，5、6）。DM：2，略残。白胎。敞口，圆唇，圆弧腹，圈足，底略平。口沿内壁下缘饰青花弦纹一周，内底饰青花弦纹两周。底心青花涂绘缠枝花一朵。口沿外下缘饰青花弦纹两周，其下外壁腹部青花绘缠枝花卉纹，部分花卉以变体"寿"字纹代替。外底饰青花弦纹两周，底心青花双线绘方形款识。口径12.1、底径4.9、高6厘米（图八三，3；图版一〇二，7、8）。T1①：9，残。白胎。敞口，圆唇，圆弧腹，圈足，底略平。口沿内壁下缘饰青花弦纹两周。内底饰青花弦纹两周，底心青花涂绘缠枝花一朵。口沿外下缘饰青花弦纹两周，腹部青花绘缠枝花卉围绕四个圆形的"寿"字。外底饰青花弦纹两周，底心似绘缠枝纹。口径11.7、底径4.7、高5.3厘米（图八三，2；图版一〇三，1、2）。H2：4，残。白胎。敞口，圆唇，圆弧腹，高圈足，底部微下凸。口沿内外下缘饰青花弦纹两周。内底饰青花弦纹两周，底心青花写变体"寿"字，呈圆形。外壁亦写圆形变体"寿"字，旁饰蝙蝠纹，字下饰兰草、山石等纹饰。足墙饰青花弦纹两周。外底饰青花弦纹两周，底心自右向左分三列青花书写"大清雍正年制"，楷书。口径18.9、底径7.3、高7.6厘米（图八三，7；图版一〇三，3、4）。T1①：13，残。灰胎，内底外围涩圈。敞口，圆唇，圆弧腹，圈足，外底心下凸。外壁青花绘团花纹饰，青花色灰暗。口径14.8、底径6.1、高4.2厘米（图八四，2；图版一〇三，5、6）。采集：94，残。灰胎，外底不施釉。敞口，方唇，圆弧腹，圈足，外底心下凸。口沿内边缘青花饰粗弦纹一周。内底绘藤蔓枝叶。口沿外缘饰弦纹两周。弦纹下绘数道枝蔓垂下，青花色灰暗。口径13.2、底径5.1、高5.6厘米（图八三，6；图版一〇三，7、8）。采集：28，残。白胎。敞口，圆唇，圆弧腹，高圈足，足梢尖，底平。外口沿以青花粗、细

弦纹各装饰一周。足墙饰青花弦纹两周。口径15.6、底径6、高5.4厘米（图八四，4；图版
一○四，1、2）。采集：33，略残。白胎。敞口，圆唇，圆弧腹，高圈足，足墙直，底平。
口沿内外下缘各饰青花弦纹两周。内底饰青花弦纹两周，底心青花线绘莲纹一朵。外壁青花
绘缠枝莲纹，枝上叶片呈"∞"字形，腹部下缘装饰仰莲瓣纹一周。口径15.4、底径6、高6.4
厘米（图八三，1；图版一○四，3、4）。H3：3，残。白胎。敞口，圆唇，圆弧腹，圈足，
外底心略下凸。外壁口沿下方饰蜂窝状条带，锦地开光，内绘花卉纹。条带下方的腹部青花
线绘缠枝纹。足墙饰青花弦纹两周。外底饰青花弦纹两周，底心青花双线绘方形底款框，其内
文字难辨。口径13.7、底径6.4、高6.2厘米（图八三，5；图版一○四，5、6）。H2：43，残。
白胎，足梢无釉。敞口，圆唇，圆弧腹，圈足，外底平，足梢经旋削。外壁口沿下缘青花绘
变体"回"字形云纹一周，上下各以弦纹为界。腹部青花线绘缠枝纹。足墙饰青花弦纹三
周。外底饰青花弦纹两周，底心青花双线绘方框，内写"X"字形，蓝底白字。口径10.5、底

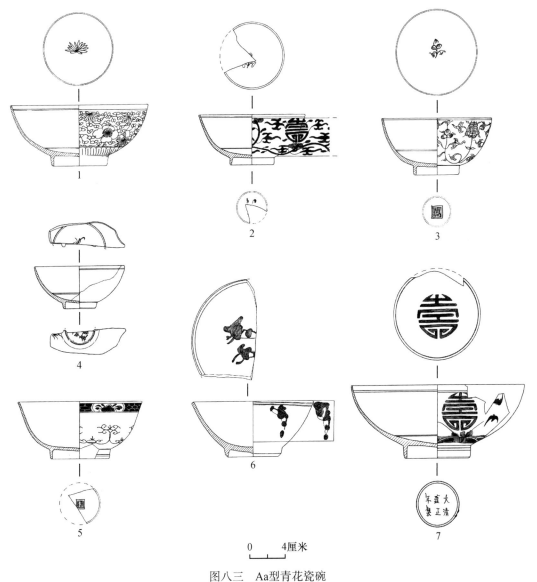

图八三　Aa型青花瓷碗
1. 采集：33　2. T1①：9　3. DM：2　4. 采集：86　5. H3：3　6. 采集：94　7. H2：4

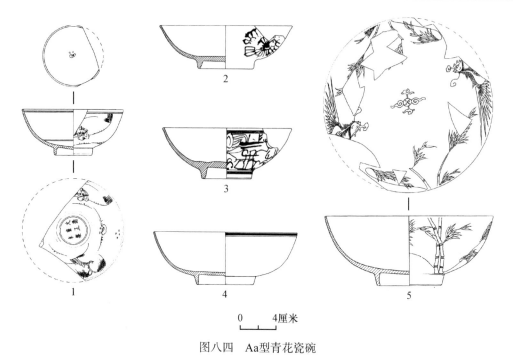

图八四　Aa型青花瓷碗
1. H2：106　2. T1①：13　3. 采集：115　4. 采集：28　5. H2：97

0　　　4厘米

径4.8、高5.3厘米（图八五，4；图版一〇四，7、8）。采集：29，残。白胎。敞口，圆唇，圆弧腹，高圈足，足墙直，底平。口沿内外下缘各饰青花弦纹一周。内底饰青花弦纹两周，底心青花线绘云纹一朵。外壁青花绘一凤凰，昂首展翅，身体鱼鳞状，周围环绕云纹。外底饰青花弦纹两周，底心青花线绘必定如意款。口径12.2、底径4.2、高6厘米（图八五，7；图版一〇五，1、2）。采集：31，残。白胎。敞口，圆唇，圆弧腹，高圈足，足梢微敛，底平。口沿外下缘饰青花弦纹两周。外壁青花涂绘折枝花卉一枝，花瓣、叶子线绘纹理。外底青花书写"大清雍正年制"，自右向左纵向三列，楷书。口径10.2、底径3.7、高4.7厘米（图八五，1）。H2：91，残。白胎。敞口，圆唇，弧腹，高圈足，足梢微敛，底平。口沿外下缘饰青花弦纹两周。外壁青花涂绘折枝花卉一枝，花瓣、叶子线绘纹理。外底饰青花弦纹两周，内青花写"大清雍正年制"，自右向左纵向两列，楷书。口径10.2、底径3.7、高4.6厘米（图八五，2；图版一〇五，3、4）。

Ab型　148件。腹部较陡，弧度较Aa型小。其中青花鱼藻纹的30件。采集：91，略残。白胎。敞口，圆唇，弧腹较陡，高圈足，足墙外侈，外底平。内底绘山石兰花。外壁青花涂绘假山、蔷薇，蔷薇向左伸出枝叶，右侧盛放两朵蔷薇。两只蝴蝶翩翩飞舞于花侧。外底弦纹装饰内绘方形底款，字迹难以辨认。口径11.1、底径5、高6.8厘米（图八五，10；图版一〇五，5、6）。H2：108，残。灰白胎。敞口，圆唇，弧腹较陡，圈足，足梢尖，外底略平。内底饰青花弦纹两周，内绘灵芝瑞草纹。外壁中央饰青花弦纹一周，将外壁分为上、下两部分，上下层青花绘粗略的灵芝瑞草纹，每两枝之间以"S"形线区隔。外底饰青花粗弦纹两周，中心画方形底款，其内绘横竖线条。口径13.6、底径6.2、高6.9厘米（图八五，8；图版一〇五，7、8）。WJ：17，残。灰白胎。敞口，圆唇，弧腹较陡，圈足，足梢尖，外底略平。内底饰青花弦纹两周，内青花绘灵芝瑞草纹。外壁中央饰青花弦纹一周，将外壁分为上、下两部分，上下层均青花绘粗略的灵芝瑞草纹，每两枝之间以"S"形线区隔。外底饰粗弦纹两周，中心画两列符号。口径10.8、底径4.2、高5.5厘米（图八五，6；图版一〇六，1、2）。H3：15，残。白胎。敞口，圆唇，弧腹较陡，高圈足，外底平。内底青花涂绘"山"字形火焰纹及火珠。外壁青花涂绘一条螭龙，较为简略，其头、尾装饰"山"字形火焰纹。外底饰青花弦纹两周，内绘一方框，一面未封口。口径8.8、底径4.1、高5.2厘米（图八五，3；图版一〇六，3、4）。H2：88，残。灰白胎。敞口，圆唇，弧腹较陡，高圈足，外底平。口沿内外下缘饰青花弦纹两周。内壁下腹部饰青花弦纹两周，内底青花涂绘"山"字形火焰纹。外壁青花涂绘一条螭龙，较为简略，其头、尾装饰"山"字形火焰纹。外底饰青花弦纹两周，内绘方形底款，其内有"文"字形花押。口径10.8、底径5.3、高6.2厘米（图八五，9；图版一〇六，5、6）。采集：137，残。白胎。敞口，圆唇，弧腹较陡，圈足，外底平。口沿一周涂金色。内底青花绘浮萍。外壁青花绘游鱼、水藻、浮萍等纹饰。外底饰青花弦纹两周，内绘略呈"日"字形底款。口径8.6、底径4、高5.5厘米（图八五，5；图版一〇六，7、8）。H2：28，残。白胎。敞口，尖唇，弧腹较陡，圈足，足墙外侈，外底平。内底青花绘藤蔓花叶。外壁青花涂绘鱼藻纹饰。外底饰青花弦纹两周，其内画方形底款，底款文字难辨。口径11.6、底径5、高7.1厘米（图八五，11；图版一〇七，1、2）。H2：5，残。白胎。敞口，圆唇，弧腹较陡，高圈足，外底平。口沿涂金色。内底青花绘浮萍。外壁青花绘游鱼、水藻、浮萍等纹饰。外底饰青花弦纹两周，内绘略呈"山"字形底款。口径8.8、底径4.3、高5.3厘米（图版一〇七，3、4）。H2：110，残。白胎。敞口，圆唇，弧腹较陡，高圈足，外底平。口沿内下缘饰青花弦纹两周。内壁下腹部饰青花弦纹两周，内底青花绘浮萍。外壁青花绘游鱼、水藻、浮萍等纹饰。外底饰青花弦纹两周，内绘略呈"日"字形底款。口径8.8、底径4.3、高5.3厘米（图版一〇七，5、6）。H2：111，残。白胎。敞口，圆唇，弧腹较陡，高圈足，外底平。口沿涂金色。内底青花绘浮萍。外壁绘游鱼、水藻、浮萍等纹饰。外底饰青花弦纹两周，内绘略呈"凹"字形底款。口径8.8、底径4.3、高5.3厘米（图版一〇七，7、8）。H2：112，残。白胎。敞口，圆唇，弧腹较陡，高圈足，外底平。内底青花绘浮萍。外壁青花绘游鱼、水藻、浮萍等纹饰。外底饰青花弦纹两周，内绘略呈"日"字形底款。口径8.8、底径4.3、高5.3厘米（图版一〇八，1、2）。G3③：26，残。白胎。敞口，圆唇，弧腹较陡，高圈足，外底平。口沿一周涂金彩。口沿内外下缘各饰青花弦纹两周，内底饰青花弦纹两周，内绘浮萍。外壁青花绘游鱼、水藻、浮萍等纹饰。足墙饰青花弦纹两周。外底饰青花弦纹两周，内绘略呈"田"或"亩"字形底款。口径8.8、底径4.3、高5.3厘米（图版一〇八，3、4）。G3③：27，残。白胎。敞口，圆唇，弧腹较陡，高圈足，外底平。口沿一周涂金彩。口沿内外下缘各饰青花弦纹两周。内底饰青花弦纹两周，内绘浮萍。外壁青花绘游鱼、水藻、浮萍等纹饰。足墙饰青花弦纹两周。外底饰青花弦纹两周，内绘"四"字形底款。口径8.8、底径4.3、高5.3厘米（图版一〇八，5、6）。H3：14，残。白胎。敞口，圆唇，弧腹较陡，高圈足，外底平。口沿内外下缘各饰青花弦纹两周，内底饰青花弦纹两周。内绘简略浮萍纹。外壁青花绘游鱼、水藻等

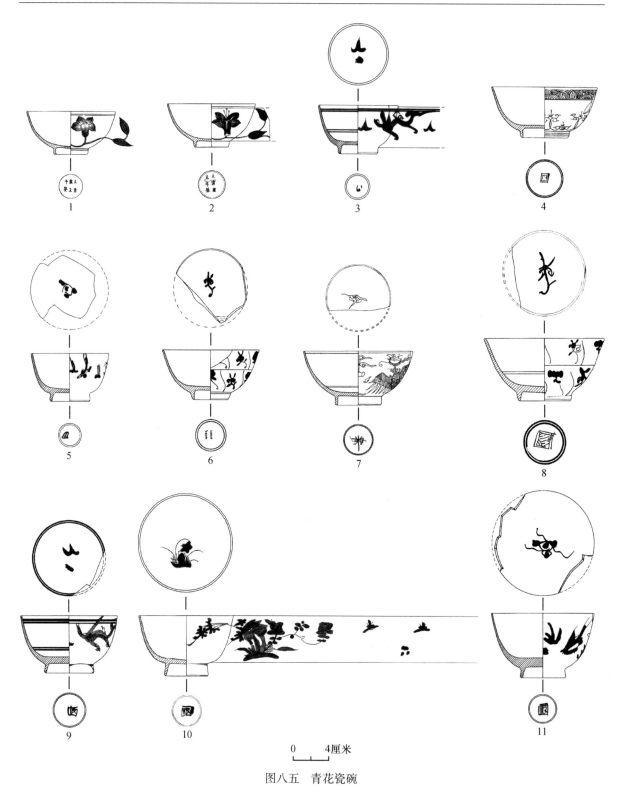

图八五　青花瓷碗

1、2、4、7.Aa型（采集：31、H2：91、H2：43、采集：29）　3、5、6、8～11.Ab型（H3：15、采集：137、WJ：17、
H2：108、H2：88、采集：91、H2：28）

纹饰。足墙饰青花弦纹两周。外底饰青花弦纹两周，内绘方形底款框，框内为"刘"字形底款。口径8.8、底径4.3、高5.3厘米（图版一〇八，7、8）。H2：109，残。白胎。敞口，圆唇，弧腹较陡，高圈足，外底平。口沿一周涂金彩。内底青花绘浮萍。外壁青花绘游鱼、水藻等纹饰。外底饰青花弦纹两周，边缘绘"G"字形底款。口径8.8、底径4.3、高5.3厘米（图版一〇九，1、2）。H4：11，略残。白胎。敞口，圆唇，弧腹较陡，圈足，外底平。口沿内外下缘各饰弦纹两周。内底饰青花弦纹两周，底心绘青花线形水草及墨点状浮萍。外壁青花绘鳜鱼四条，周围水草、浮萍点缀其间。足墙饰青花弦纹两周。外底青花弦纹两周。其内线绘一枝水藻。口径11、底径4.8、高6.5厘米（图八六，3；图版一〇九，3、4）。H2：81，残。白胎。敞口，圆唇，弧腹较陡，高圈足，外底略向下凸。口沿一周涂金彩，其内外下缘各饰青花弦纹两周。内底青花饰弦纹两周，底心绘"品"字形三个浮萍。外壁青花绘鳜鱼、水藻。足墙饰弦纹三周。外底青花两周弦纹，其内残存部分水藻纹饰。口径12.7、底径6.6、高6.1厘米（图八六，5；图版一〇九，5、6）。H4：14，略残。白胎。敞口，圆唇，弧腹较陡，圈足，外底平。口沿内外下缘饰青花弦纹两周。内底饰青花弦纹两周，其内中心青花涂绘太阳，太阳周围四团云纹围绕。外壁主纹为夔龙纹，夔龙肥壮，双目圆睁，上下长吻张开，露出牙齿，背上有鳍，以缠枝纹作附属纹饰。夔龙吻部的缠枝树枝青花线绘，较细；花叶较大，涂绘。夔龙尾部的缠枝树枝较粗，树叶较小，涂绘。外底饰青花弦纹两周，内青花线绘双鱼纹，两条鱼头部接触，身体分开。口径17.5、底径7.9、高9.7厘米（图八六，4；图版一〇九，7、8）。H4：16，略残。白胎。敞口，圆唇，弧腹较陡，圈足，外底平。口沿内外下缘饰青花弦纹两周。内底饰青花弦纹两周，内沿弦纹下绘简略山石花草。外壁青花涂绘三四枝树干，旁有网状篱笆，两侧伸出枝叶，左侧树叶似竹叶，右侧树叶椭圆形，树枝外侧绘两只蝴蝶。外底饰青花弦纹两周，其内绘简略枝叶纹。口径11、底径5、高6.7厘米（图八六，7；图版一一〇，1、2）。T1①：22，残。白胎。敞口，圆唇，弧腹较陡，圈足，底平。口沿内外均饰一周几何纹饰。口沿内装饰纹带为"工"字纹和蝠纹交错。内底青花绘菊花枝叶。外壁图案分上、中、下三层。上层口沿外装饰纹带，菱形纹内饰"十"字纹。中层为玲珑瓷工艺。下层涂绘蕉叶纹。外底书"玩玉"二字，楷书。口径9.2、底径3.5、高4.5厘米（图八六，2；图版一一〇，3、4）。WJ：22，残。白胎，底不施釉。敞口，圆唇，弧腹较陡，圈足，足梢尖，外底心略下凸。口沿外下缘饰青花弦纹两周。弦纹下青花绘枝叶。口径10.2、底径4.8、高5.5厘米（图八六，8；图版一一〇，5、6）。采集：51，残。白胎。敞口，圆唇，弧腹较陡，高圈足，底微下凸。口沿内外下缘各饰青花弦纹两周。内底饰青花弦纹两周，底心青花绘花草图案。外壁上方青花绘杂宝图案，下方线绘缠枝、变体莲花图案。足墙饰青花弦纹三周。口径12、底径5.8、高7厘米（图八六，6；图版一一〇，7、8）。采集：57，残。白胎。敞口，圆唇，弧腹较陡，高圈足，足端尖，底微下凸。口沿内外下缘各饰青花弦纹两周。内底饰青花弦纹两周，底心青花绘"卍"字纹。外壁上方青花绘杂宝图案，下方青花线绘缠枝、变体莲花图案。口径10、底径3.9、高4.7厘米（图八六，1；图版一一一，1、2）。采集：89，残。白胎。敞口，圆唇，弧腹较陡，高圈足，底部平。口沿内外下缘各饰青花弦纹两周。内底饰青花弦纹两周，底心青花涂绘折枝花卉一枝。外壁青花绘折枝花卉纹，杂以杂宝图案点

图八六　Ab型青花瓷碗
1.采集：57　2.T1①：22　3.H4：11　4.H4：14　5.H2：81　6.采集：51　7.H4：16　8.WJ：22

缀花间。足墙饰青花弦纹两周。外底饰青花弦纹两周，底心双线绘方形底款框，其内文字难辨。口径16、底径7.8、高8.2厘米（图八七，4）。采集：95，残。白胎。敞口，圆唇，弧腹较陡，高圈足，底平。口沿一周涂金色。外壁纹饰分上、下两部分。口沿下方青花涂绘几何纹与枝叶纹相互交替，下半部分青花线绘缠枝纹。外底饰青花弦纹两周，底心青花绘方形底款框，其内文字难辨。口径11.4、底径5.2、高5.9厘米（图八七，3；图版一一一，3、4）。H3：6，残。白胎。敞口，圆唇，弧腹较陡，圈足，底平。口沿内缘及底部边缘各饰青花弦纹两周，内底青花绘简略图案。外壁口沿下及足墙各饰青花弦纹两周。腹部青花绘菊丛。外底饰青花弦纹两周，中心绘方形底款。口径10.7、底径5.3、高5.5厘米（图八七，5；图版一一一，5、6）。采集：106，残。白胎。敞口，圆唇，弧腹较陡，高圈足，底部平。口沿内外下缘各饰青花弦纹两周。内底饰青花弦纹两周，底心青花绘水藻。外壁青花似绘鱼藻纹。足墙饰青花弦纹两周。底径4、高5.2厘米（图八七，1）。H2：99，略残。白胎。敞口，方唇，弧腹较陡，圈足，足墙外侈，底平。口沿一周涂金彩。内底青花粗绘太极阴阳鱼。外壁青花绘阴阳鱼与八卦卦象。外底饰青花弦纹一周，内似写"子"字，篆书。口径8.7、底径4.1、高5.5厘米（图八八，1；图版一一一，7、8）。WJ：29，残。白胎。敞口，圆唇，弧腹

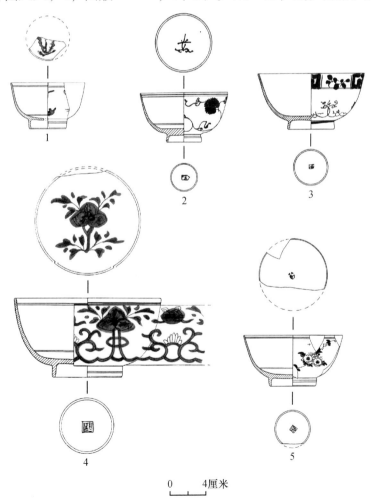

图八七　Ab型青花瓷碗

1. 采集：106　2. H2：22　3. 采集：95　4. 采集：89　5. H3：6

较陡，高圈足，底部平。口沿内下缘饰青花弦纹两周。内底饰青花弦纹两周，底心青花绘方形款识，内书"福"字，隶书，款识框四角青花绘缠枝纹。外壁上方青花绘连续八叶花一周，上下花瓣交替。腹部底青花绘仰莲瓣一周，刻画竖向纹理。足墙饰青花弦纹两周。口径14.7、底径6.5、高6.9厘米（图八八，6；图版一一二，1、2）。XJ：11，残。白胎。敞口，圆唇，弧腹较陡，圈足，底平。口沿一周涂金彩。口沿内下缘饰青花弦纹一周。底心青花绘两个童子游戏图案。口沿外下缘饰青花弦纹两周。外壁青花绘婴戏图案，与内底基本相同。口径13.7、底径4.9、高6.8厘米（图八八，3；图版一一二，3、4）。H3：7，残。白胎。敞口，圆唇，弧腹较陡，圈足。口沿内外下缘、内底各饰青花弦纹两周。内底青花绘点纹。外壁腹部青花绘远山、水岸、树木、人物等图案。外底饰青花弦纹两周，内绘方形花押。口径8.6、底径4.2、高4.9厘米（图八八，4；图版一一二，5、6）。H5：3，残。白胎。敞口，尖唇，弧腹较陡，圈足，足墙外侈，底部微下凸。口沿内下缘青花绘装饰纹带一周，内底饰青花弦纹两周，弦纹内青花绘五瓣花一朵，花瓣以叶脉纹填满，花瓣之间以平行的弧线填满。沿外下缘宽装饰带下青花绘同心圆状云纹，腹部底端绘仰莲瓣纹。足墙饰青花弦纹两周。外底心双线绘方形底款框，内似书"杜"字，篆书。口径11.5、底径4.8、高7厘米（图八八，2；图版一一二，7、8）。H4：19，残。白胎，外底不施釉。敞口，圆唇，弧腹较陡，圈足。口沿内外下缘、内底外缘各饰青花粗弦纹一周。口径12、底径6.1、高6.1厘米（图八八，5）。H2：22，残。白胎。敞口，尖唇，弧腹较陡，高圈足，足墙外侈，底平。口沿内外下缘各饰青花弦纹两周。内底外缘饰青花弦纹两周，内青花绘简略瑞草纹。外壁青花绘缠枝菊纹。足墙、外底饰青花弦纹两周，外底中心绘圭形花押。口径8.7、底径3.7、高5.1厘米（图八七，2；图版一一三，1、2）。H2：24，残。白胎。敞口，尖唇，弧腹较陡，高圈足，底平。口沿内外下缘各饰青花弦纹两周。内底外缘饰青花弦纹两周，内绘花枝。外壁青花绘缠枝菊纹。足墙、外底饰青花弦纹两周，外底中心绘吉祥结。口径10.7、底径5.5、高5.7厘米（图八九，2；图版一一三，3、4）。H2：26，残。白胎。敞口，圆唇，弧腹较陡，圈足，底平。口沿内外下缘各饰青花弦纹两周。内底外缘饰青花弦纹两周，内绘"卍"字纹。外壁青花绘缠枝莲纹。足墙、外底饰青花弦纹两周，外底中心绘方形款识框，内书"卍"字纹。口径11.4、底径5.3、高5.6厘米（图九〇，5；图版一一三，5、6）。H2：27，残。白胎。敞口，尖唇，弧腹较陡，高圈足，足墙外侈，外底平。口沿内外下缘各饰青花弦纹两周。内底外缘饰青花弦纹两周，内青花绘水藻浮萍。外壁青花绘四条鳜鱼，周围水藻、浮萍等物围绕。外底饰青花弦纹两周，中间绘方形花押。口径11.2、底径5.7、高6.9厘米（图九〇，6；图版一一三，7、8）。G1：35，残。白胎。敞口，圆唇，弧腹较陡，圈足，外底平。内底青花绘简略山石兰草。外壁青花涂绘三四枝树干，两侧伸出枝叶。左侧树叶似竹叶，右侧树叶椭圆形。外底饰青花弦纹两周。口径8.5、底径4、高5.7厘米（图八九，3；图版一一四，1、2）。H2：47，残。白胎。敞口，圆唇，弧腹较陡，高圈足，足墙微侈，外底平。口沿内外下缘各饰青花弦纹两周。内底饰青花弦纹两周，中心绘一枝花叶，花叶下以缠枝装饰。外壁青花绘缠枝菊花。足墙饰青花弦纹三周。外底饰青花弦纹两周，中心绘方形底款框，内书"青"字，楷书。口径8.6、底径4、高4.8厘米（图八九，6；图版一一四，3、4）。H2：48，残。白胎。敞口，圆唇，弧腹较陡，圈足，足

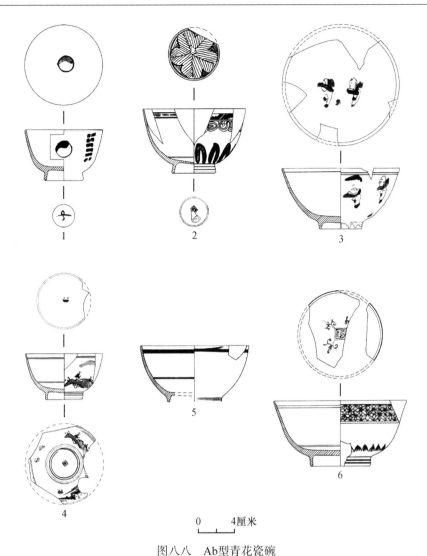

图八八　Ab型青花瓷碗

1. H2：99　2. H5：3　3. XJ：11　4. H3：7　5. H4：19　6. WJ：29

墙微侈，外底平。口沿内外下缘各饰青花弦纹两周。内底饰青花弦纹两周，中心青花绘一枝花叶，花叶下以缠枝装饰。外壁青花绘缠枝菊花。足墙饰青花弦纹三周。外底饰青花弦纹两周，中心绘方形底款框，内书"陈"字，篆书。口径8.8、底径4、高4.8厘米（图八九，5；图版一一四，5、6）。H2：30，残。白胎。敞口，尖唇，弧腹较陡，圈足，足墙略外侈，外底平。外壁口沿下缘青花绘变体"回"字形云纹一周，上下各以青花弦纹为界。腹部青花线绘缠枝纹。足墙饰青花弦纹三周。外底饰青花弦纹两周，底心线绘方框，内写文字难辨。口径11.3、底径5.5、高5.9厘米（图九〇，4；图版一一四，7、8）。采集：127，残。白胎。敞口，尖唇，弧腹较陡，圈足，外底平。口外下缘饰青花弦纹两周。腹部青花涂绘花叶纹。外底饰青花弦纹两周。口径11.8、底径5.5、高6厘米（图八九，1；图版一一五，1、2）。H2：51，残。白胎。敞口，尖唇，弧腹较陡，圈足，足墙略外侈，外底平。口外下缘青花绘变体"回"字形云纹一周，上下各以青花弦纹为界。腹部青花线绘缠枝纹。足墙饰青花弦纹三周。外底饰青花弦纹两周，底心绘方框，内写"X"形字。口径8.7、底径4.3、高4.8厘米

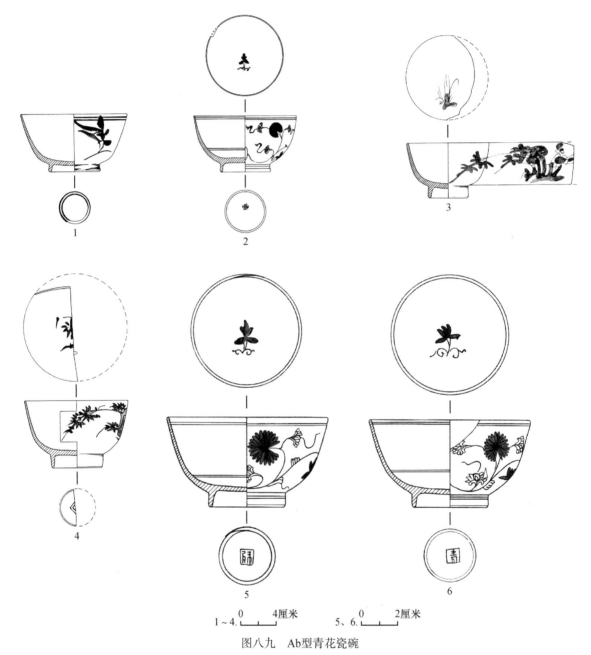

图八九　Ab型青花瓷碗

1.采集：127　2.H2：24　3.G1：35　4.G3③：20　5.H2：48　6.H2：47

（图九○，1；图版一一五，3、4）。G3③：20，残。白胎。敞口，尖唇，弧腹较陡，高圈
足，底平。内底中央青花绘植物枝叶。外壁青花绘山石、树枝、树叶。足墙底部经过旋削。外
底饰青花弦纹两周，中央仅余双线勾勒的部分方框。口径11.3、底径5.5、高6.8厘米（图八九，4；
图版一一五，5、6）。G3③：25，残。白胎。敞口，尖唇，弧腹较陡，高圈足，足墙外撇。
内底中央青花绘双叶花枝。外壁题材不明，主纹为粗线圆圈，内有细线绘的纹饰，主纹外有
一些粗点点缀。外底饰青花弦纹一周，中央为方形底款，仅余少许边框。口径8.6、底径3.7、
高5.3厘米（图九○，2；图版一一五，7、8）。DM：3，基本完整。白胎。敞口，圆唇，弧
腹较陡，圈足，足墙底部经过旋削，无釉，底平。口沿内外下缘各饰青花弦纹两周。内底饰

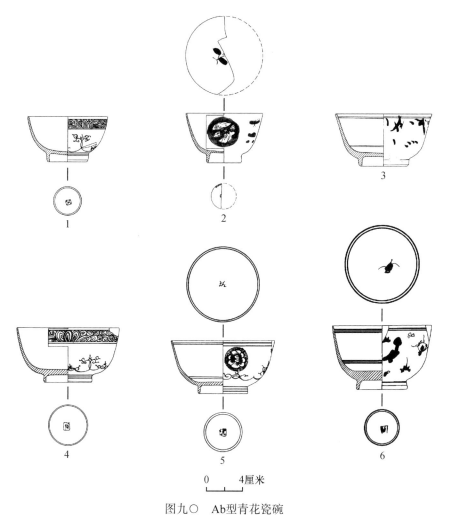

图九〇　Ab型青花瓷碗
1. H2：51　2. G3③：25　3. DM：3　4. H2：30　5. H2：26　6. H2：27

青花弦纹两周。外壁青花绘简略的游鱼、水藻、浮萍纹饰。口径10.7、底径5.5、高5.5厘米
（图九〇，3；图版一一六，1、2）。WJ：27，残。白胎。敞口，圆唇，弧腹较陡，高圈足，
足墙底部经过旋削处理，底平。口沿一周涂金色。口沿内外、内腹饰青花弦纹两周。内底中
央似绘灵芝状斑块。外壁青花绘简略的缠枝莲纹。外底饰青花弦纹一周。口径11.5、底径5.6、
高6.4厘米（图九一，2；图版一一六，3、4）。采集：120，残。白胎。敞口，圆唇，弧腹较
陡，高圈足，足墙底部经过旋削处理，底平。口沿内外下缘、内底各饰青花弦纹两周，中央
绘灵芝状纹饰。外壁青花绘简略缠枝莲花纹。足墙饰青花弦纹一周。外底饰青花弦纹两周。
内书"日"字形花押。口径14.2、底径7.1、高7.8厘米（图九一，5；图版一一六，5、6）。
DH5：4，残。白胎。敞口，圆唇，弧腹较陡，高圈足，足墙底部经过旋削处理，底平。内壁
口沿下缘装饰青花宽带纹，内绘花朵一周。内底饰青花弦纹两周，弦纹内青花绘三个寿桃，枝
叶围绕，寿桃外写一变体"寿"字。外壁上方青花绘寿桃、枝叶，寿桃两边各写一"寿"字，
字体各不相同，下方饰以缠枝莲纹。足墙饰青花弦纹两周。外底饰青花弦纹两周，内书"支于
堂制"四字，行楷。口径17.2、底径7.4、高8.9厘米（图九一，6；图版一一六，7、8）。

　　Ac型　5件。腹部较斜直。G1R1：1，略残。灰白胎，底不施釉。敞口，圆唇，斜直腹，圈足，外底心下凸。内壁口沿下及底部外缘饰青花粗弦纹一周。内底涩圈，内青花绘简略瑞草纹。外壁中部绘青花粗弦纹一周，弦纹之上青花绘简略的花草纹饰。口径14.4、底径6.7、高5.2厘米（图九二，7；图版一一七，1、2）。H2：86，残。灰白胎。敞口，圆唇，斜直腹，圈足。内底外围涩圈。外壁口沿下饰青花弦纹一周。腹部青花绘团花纹饰，周围以点纹装饰。口径15.8、底径10.4、高5.1厘米（图九二，8；图版一一七，3、4）。H2：94，残。灰白胎，内底外圈不施釉。敞口，圆唇，斜直腹，圈足，内底平，外底心下凸。外壁青花绘写意花叶。口径12、底径7.4、高5厘米（图九一，1；图版一一七，5、6）。H2：78，残。白胎。敞口，圆

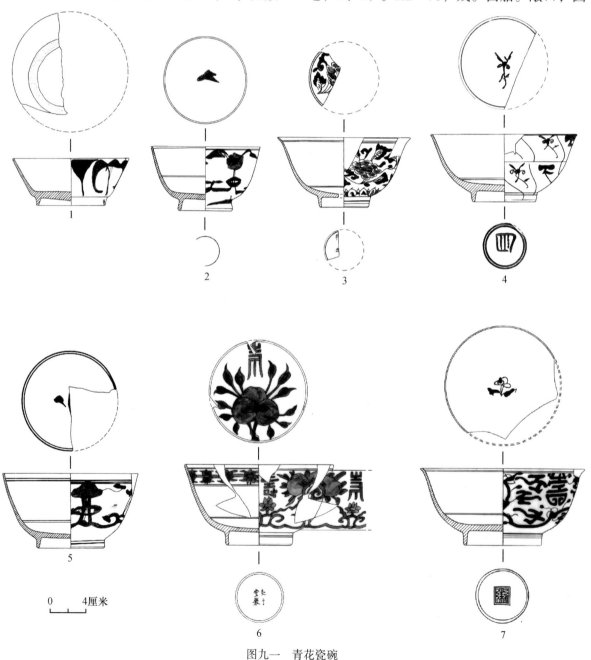

图九一　青花瓷碗

1. Ac型（H2：94）　2、5、6. Ab型（WJ：27、采集：120、DH5：4）　3、4、7. Ba型（采集：108、WJ：32、采集：90）

唇，斜直腹，圈足，足墙经旋削，内外底中心凸起。内底边缘涩圈不施釉。外壁口沿下、足墙上缘均饰青花弦纹一周。腹部青花绘写意花卉纹。口径14、底径7.6、高5.3厘米（图九二，5；图版——七，7、8）。

Ad型　68件。折腹。WJ：14，残。白胎。敞口，尖唇，折腹，圈足，底平。外壁口沿下、足墙各饰青花弦纹两周。腹部青花绘缠枝花卉纹，花卉间书变体"寿"字。外底残留少许花押图案。口径10.2、底径4.1、高5.6厘米（图九二，3）。G2①：2，残。灰胎，内外施釉均不及底。敞口，圆唇，折腹，圈足，内底平，外底中心下凸。外壁口沿下青花绘写意的草叶纹饰。口径10.4、底径5.1、高4.2厘米（图九二，1）。H2：44，残。灰白胎，外底不施釉。敞口，圆唇，腹缓折，圈足，足墙底部经过旋削，外底心略下凸。口沿外下缘饰青花弦纹两周。外壁似青花绘简略的瑞草纹。口径10.3、底径5.3、高5.8厘米（图九二，6；图版——八，1、2）。H2：79，残。白胎，外底不施釉。敞口，圆唇，腹缓折，圈足，外底心下凸。内壁光素无纹。口沿外下缘饰两周青花粗弦纹。外壁青花绘植物纹、点状树叶，较为写意。口径11.3、底径5.2、高5.4厘米（图九二，4；图版——八，3、4）。T2①：9，残。白胎，内底有涩圈，外底不施釉。敞口，圆唇，斜腹折收，圈足，足墙底部经过旋削处理，外底心向下凸。外壁青花绘弯曲枝叶，周围点缀大小不一的圆点。口径9.4、底径4.3、高4.2厘米（图九二，2；图版——八，5、6）。

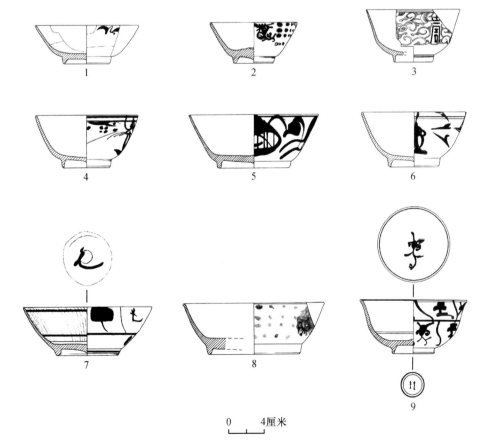

0　　4厘米

图九二　青花瓷碗

1~4、6.Ad型（G2①：2、T2①：9、WJ：14、H2：79、H2：44）　5、7、8.Ac型（H2：78、G1R1：1、H2：86）
9.Ba型（H2：32）

B型　127件。侈口。根据腹部弧直程度的不同，分为三亚型。

Ba型　49件。腹部弧圆。采集：90，残。白胎。侈口，尖唇，腹部弧圆，高圈足，底平。口沿内外下缘各饰青花弦纹两周。内底边缘装饰青花弦纹两周，其内中心青花绘花卉一朵，茎部饰两片叶子。外壁残存变体"寿"字，四周"山"字形云纹围绕，外缘青花绘缠枝纹。足墙中部饰青花弦纹两周。外底饰青花弦纹两周，其内青花绘方形底款，双线勾框，内书一个"粥"字，篆书。口径17.2、底径8、高8.2厘米（图九一，7；图版一一八，7、8）。采集：108，残。白胎。侈口，尖唇，腹部弧圆，高圈足，底平。口沿内外下缘各饰青花弦纹两周。内底边缘装饰青花弦纹两周，其内中心青花绘牡丹花及枝叶。外壁残存一朵重瓣牡丹，枝叶缠绕，腹部底青花绘一周仰莲瓣。足墙中部饰青花弦纹两周。外底饰青花弦纹两周，其内残存少许文字底款，已难辨读。口径14.6、底径5.2、高7.4厘米（图九一，3；图版一一九，1、2）。WJ：32，残。白胎，口沿一圈青釉涂覆。侈口，圆唇，腹部弧圆，圈足，足梢尖，外底略平。内底饰青花弦纹两周，内青花绘灵芝瑞草纹。外壁中央饰青花弦纹一周，将外壁分为上、下两部分，上下层均青花绘粗略的灵芝瑞草纹。外底饰青花粗弦纹两周，中心画方形底款，其内似书"川"字。口径16、底径6.8、高7.1厘米（图九一，4；图版一一九，3、4）。H2：32，略残。白胎。侈口，圆唇，腹部弧圆，圈足，足端尖，外底略平。内底饰青花弦纹两周，内青花绘灵芝瑞草纹。外壁中央饰青花弦纹一周，将外壁分为上、下两部分，上下层均青花绘粗略的灵芝瑞草纹。外底饰青花弦纹两周，中心草书写两列文字或符号，难以辨识。口径11.6、底径4.3、高5.3厘米（图九二，9；图版一一九，5、6）。WJ：5，残。白胎，口沿一圈以青釉涂覆。侈口，圆唇，腹部弧圆，圈足，足端尖，外底略平。内底饰青花弦纹两周，内青花绘灵芝瑞草纹。外壁中央饰青花弦纹一周，将外壁分为上、下两部分，上下层均青花绘粗略的灵芝瑞草纹。外底饰青花粗弦纹两周，中心草书四个类似"爻"字的符号。口径11.2、底径4.3、高5.4厘米（图九三，3；图版一一九，7、8）。T1①：16，残。白胎，口沿一圈以青釉涂覆。侈口，圆唇，腹部弧圆，圈足，足梢尖，外底略平。内底中心青花绘一漩涡纹，周围以灵芝瑞草纹围绕。外壁中央饰青花弦纹一周，将外壁分为上、下两部分，上下层均青花绘粗略的灵芝瑞草纹。外底饰青花粗弦纹一周，弦纹内草书写两列文字或符号，难以辨识。口径9.6、底径3.6、高5.2厘米（图九四，1；图版一二〇，1、2）。G3③：16，残。白胎。侈口，尖唇，腹部弧圆，高圈足，外底中心略下凸。口沿内外下缘各饰青花弦纹两周。内底饰青花弦纹两周。外壁弦纹下装饰如意云纹一周，如意云纹之下青花书写梵文的变体，腹部下端以一周仰莲纹装饰。外底残缺较多，外底饰青花弦纹两周，其内残存少许线绘底款，内容难辨。口径9.6、底径4.7、高4.6厘米（图九三，2；图版一二〇，3、4）。G3③：22，残。白胎。侈口，尖唇，腹部弧圆，高圈足，底平。口沿内外下缘各饰青花弦纹两周。内底边缘装饰青花弦纹两周，其内青花绘花叶一枝。外壁青花绘凤凰两只，均头部上昂，两翅张开，呈飞翔状，首尾相接，中间以两束牡丹间隔。口径9、底径3.6、高3.7厘米（图九三，1；图版一二〇，5、6）。H3：5，残。白胎。侈口，尖唇，腹部弧圆，高圈足，底平。口沿内外下缘各饰青花弦纹两周。内底边缘装饰青花弦纹两周，其内青花绘一不规则圈及两点，较为写意。外壁青花绘山石、菊花、兰草、"品"字形花等内容。足墙饰青花弦纹三周。外底饰青花弦纹两周，弦纹内中央绘方形底款，内写符号难以辨识。口径11.2、底径4.3、高5.8厘米（图九三，4；图版一二〇，7、8）。H4：17，基本完整。白胎。侈口，圆唇，腹部弧圆，圈足，外底心略下凸。口沿内下缘在两周弦纹间装饰青花粗点纹一周。内底边缘饰青花弦纹两周，内青花绘荷花一朵，花瓣围绕花蕊呈放射状分布，花瓣之外围绕一周"M"形缠枝纹。外壁上缘饰青花弦纹两周，下绘三朵荷花，与内壁基本相同，周围饰以缠枝纹。腹部下缘也装饰一周青花粗点纹。外底饰青花弦纹两周，弦纹内正中绘一方形底款，其内文字似"匠"字。口径12.2、底径5.9、高6.1厘米（图九三，5；图版一二一，1、2）。T1①：23，残。白胎。侈口，尖唇，腹部弧圆，高圈足，足墙外侈，底平。口沿内外下缘各饰青花弦纹两周。内底边缘装饰青花弦纹两周，其内残存少许纹饰，内容难辨。外壁青花绘缠枝花卉纹。足墙及外底饰弦纹两周。外底大部分残缺，底款无存。口径21.8、底径10.2、高9.8厘米（图九四，6；图版一二一，3、4）。WJ：9，残。白胎。侈口，尖唇，腹部弧圆，高圈足，底平。口沿内外下缘各饰青花弦纹两周。内壁底部外缘饰青花弦纹两周，内青花绘缠枝纹，中间主叶略大，四周以缠枝连接四片小叶，旁边刻划一"有"字。外壁青花书写篆书"寿"字变体纹，整体呈圆形，周围装饰缠枝牡丹。足墙饰青花弦纹两周。外底饰青花弦纹两周，弦纹内正中绘一方形底款，文字难辨。口径15、底径6.8、高6.9厘米（图九四，3；图版一二一，5、6）。WJ：30，残。

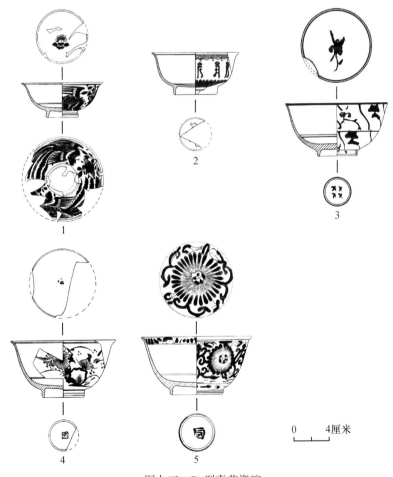

图九三　Ba型青花瓷碗

1. G3③：22　2. G3③：16　3. WJ：5　4. H3：5　5. H4：17

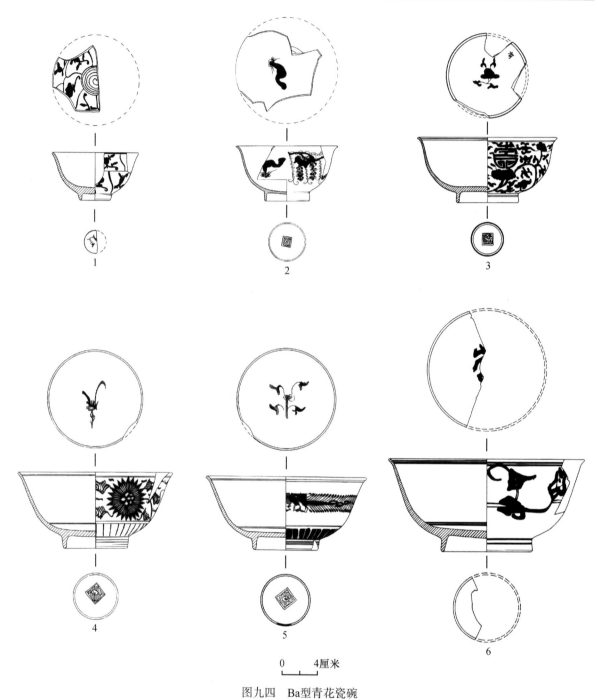

图九四　Ba型青花瓷碗

1. T1①：16　2. H2：36　3. WJ：9　4. WJ：31　5. WJ：30　6. T1①：23

白胎。侈口，尖唇，腹部弧圆，高圈足，底平。口沿内外下缘各饰青花弦纹两周。内底边缘装饰青花弦纹两周，其内绘一枝花卉，枝上四朵小花，小花花瓣两瓣。外壁纹饰分上、下两层，腹部中间青花绘羽毛状花蕊，腹部底端涂绘一周平头莲瓣纹装饰。两层之间以一周青花弦纹为间隔。足墙饰青花弦纹两周。外底饰青花弦纹两周，底心双线绘菱形底款，框内以几何纹装饰中间的圆形笑脸，弯眉，嘴呈"日"字形张开。口径18.1、底径7、高8.6厘米（图九四，5；图版一二一，7、8）。H2：36，残。白胎。侈口，圆唇，腹部弧圆，圈足，底平。内底青花绘写意叶纹。外壁青花绘葡萄藤蔓、叶、果实。外底饰青花弦纹两周，底心绘方形底款，双框，内写"X"字样。口径11、底径5、高5.8厘米（图九四，2；图版一二二，1、2）。WJ：31，残。白胎。侈口，尖唇，腹部弧圆，高圈足，底平。口沿内外下缘各饰青花弦纹两周。内底边缘装饰青花弦纹两周，其内青花绘花卉一枝。外壁纹饰分上、下两层，腹部中间青花绘重瓣荷花一朵，周围绕以缠枝。腹部底端青花绘平行的纵向直线。两层之间以两周弦纹为间隔。足墙饰青花弦纹两周。外底饰青花弦纹两周，底心双线绘菱形底款，框内以几何纹装饰中间的圆形笑脸，弯眉，嘴中伸出舌头。口径17.8、底径7.4、高8.4厘米（图九四，4；图版一二二，3、4）。

Bb型　48件。弧腹缓折。XJ：8，残。白胎。侈口，尖唇，弧腹缓折，高圈足，足梢经旋削不施釉，外底中心向下凸。口沿内外下缘各饰青花弦纹两周。内底边缘饰青花弦纹两周，内底青花绘牡丹枝叶。外壁与内底纹饰近似。足墙饰青花弦纹三周。口径9.8、底径4.7、高4.6厘米（图九五，3；图版一二二，5、6）。H2：92，残。白胎。侈口，尖唇，弧腹缓折，高圈足，外底向下凸。口沿内外下缘各饰青花弦纹两周。内底边缘装饰青花弦纹两周，其内一圆圈范围内似青花绘制儿童图案。外壁亦青花涂绘一圆圈，圆圈内绘一儿童，头部较清晰，身体及四肢较为难辨。圆圈外绘变体的莲花纹，底部略呈"山"字纹。外底青花线绘一螺旋纹。口径14.7、底径6.8、高7.7厘米（图九五，6；图版一二二，7、8）。G1⑤：2，残。白胎。侈口，尖唇，弧腹缓折，高圈足，底平。口沿内外下缘各饰青花弦纹两周。内底边缘装饰青花弦纹两周，其内青花绘牡丹枝叶。外壁青花绘牡丹花及枝叶。足墙中部饰青花弦纹一周。口径8、底径4.4、高5厘米（图九五，1；图版一二三，1、2）。采集：25，残。白胎。侈口，尖唇，弧腹缓折，高圈足，底平。口沿内外下缘各饰青花弦纹两周。内底饰青花弦纹两周，底心青花绘花卉一朵。外壁残存部分花卉及枝叶图案，一只喜鹊于空中俯瞰花卉。足墙中部饰青花弦纹两周。外底饰青花弦纹两周，其内青花绘方形底款，内书一个"刘"字，隶书。口径16、底径6.4、高8厘米（图九五，5；图版一二三，3~5）。H4：8，略残。白胎。侈口，尖唇，弧腹缓折，高圈足，足端尖，外底弧形下凸。口沿内外下缘各饰青花弦纹两周，内底饰青花弦纹两周，内青花绘冰梅图案。外壁亦青花绘冰梅图案，腹底部饰青花仰莲纹一周。圈足外墙饰青花弦纹三周。足心饰青花弦纹两周，其内线绘花卉一朵。口径15.5、底径5.7、高7.8厘米（图九六，5；图版一二三，6~8）。H4：13，略残。白胎。侈口，尖唇，弧腹缓折，圈足，外底略平。口沿内外下缘饰青花弦纹两周。内底饰青花弦纹两周，底部中心青花绘一宝珠（太阳），周围四朵云气围绕。外壁青花绘二龙戏珠，龙角双线勾勒，其余身体涂绘，龙首双目圆睁，嘴微张，颈屈，身略平直，下方以云纹装饰，全身细绘龙鳞，龙爪四趾。龙

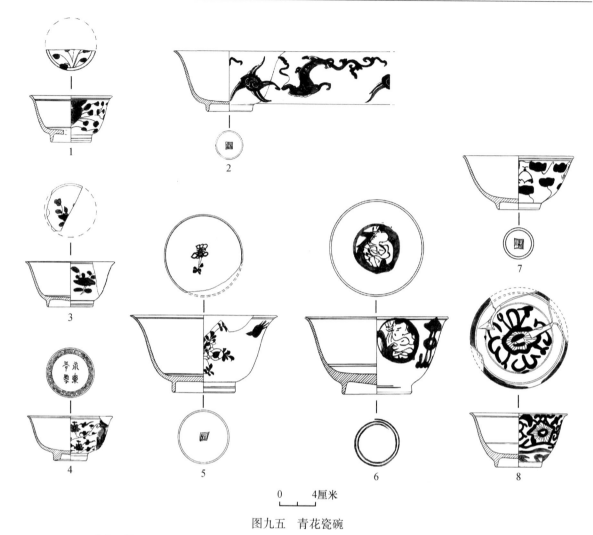

图九五　青花瓷碗

1~6.Bb型（G1⑤：2、H4：12、XJ：8、采集：30、采集：25、H2：92）　7、8.Bc型（H2：50、T2②：4）

首、龙尾间绘一宝珠（太阳），周围火状云气围绕。足墙饰青花弦纹三周。外底饰青花弦纹两周，中心绘方形底款，其内书"张"字，篆书。口径15.6、底径6.5、高7.7厘米（图九六，1；图版一二四，1~3）。H4：15，略残。白胎，胎薄。侈口，尖唇，弧腹缓折，高圈足，底心略下凸。口沿内外下缘各饰青花弦纹两周。内底饰青花弦纹两周，内青花涂绘山石及花草一枝。外壁青花绘山石及梅花数枝。旁有三只蝴蝶"品"字形排列。足墙饰青花弦纹两周。外底绘圆形方孔钱纹，长四足，又似龟纹。口径15.2、底径6.7、高7.8厘米（图九六，7；图版一二四，4~6）。DH5：6，残。白胎。侈口，圆唇，弧腹缓折，高圈足，外底平。口沿内外下缘饰青花弦纹两周。内底饰青花弦纹两周，其内青花涂绘葡萄两串、叶一张。外壁下方青花绘葡萄长于土地上，葡萄藤呈"8"字形，上部绘垂下的葡萄枝蔓、叶、果实。外底饰青花弦纹两周，内青花线绘双鱼底款，两条鱼头部相接触，鱼尾分开。口径15、底径6.6、高7.6厘米（图九六，4；图版一二五，1~3）。H2：113，残。白胎。侈口，圆唇，弧腹缓折，高圈足，外底平。口沿内侧饰青花宽带草叶纹一周。内底饰青花弦纹两周，其内青花绘花卉一朵，点状花蕊布满花内外，两旁枝叶簇护。口沿外缘、足墙各饰青花弦纹两周。外壁青花绘羽毛状枝叶，周

图九六　青花瓷碗

1、2、4、5、7. Bb型（H4∶13、H2∶113、DH5∶6、H4∶8、H4∶15）　3、6. Bc型（G2①∶4、XJ∶9）

围以点状花、兰花围绕装饰。外底饰青花弦纹两周，内涂绘似兰叶底款。口径16.7、底径7.7、高8.8厘米（图九六，2；图版一二五，4~6）。采集：30，略残。白胎。侈口，尖唇，弧腹缓折，圈足，足墙厚，足稍呈玉环状，外底中心略向下凸。口沿内外下缘各饰青花弦纹两周。内底饰青花弦纹两周，其内青花装饰一周漩涡形卷云纹，以四个太阳纹将这周卷云纹四等分。卷云纹内自右向左青花书写"永乐年制"，篆书。外壁青花绘缠枝花卉纹，旁边残留部分凤凰的图案，一只凤凰伸直颈脖，双翅展开。足墙表面装饰青花弦纹两周。口径9.3、底径3.7、高4.9厘米（图九五，4；图版一二六，1~3）。H4：12，基本完整。白胎。侈口，尖唇，弧腹缓折，圈足，底平。外壁青花绘螭龙一条，头部略低，双目圆睁，四足、尾部呈灵芝状。龙首前方有一宝珠，表面绘如意纹饰，宝珠周围有四道火纹装饰。外底饰两周青花弦纹，弦纹内正中绘一方形底款，内书"林"字，篆书。口径11.4、底径4.6、高6.2厘米（图九五，2；图版一二六，4~6）。

Bc型　30件。斜弧腹。G2①：4，残。灰白胎，内底不施釉。侈口，尖唇，斜弧腹，圈足，底平。内壁口沿下饰青花花卉纹一周。内底外缘饰青花弦纹一周。外壁青花绘花卉、枝叶，较为凌乱。口径12、底径6、高4.5厘米（图九六，3）。XJ：9，残。灰白胎，底足不施釉。侈口，尖唇，斜弧腹，高圈足，外底心下凸。口沿内外下缘各饰青花弦纹两周。内腹中部装饰青花弦纹两周，其内青花涂绘缠枝纹，较为写意。外壁弦纹下纹饰与内底近似。口径17.5、底径6.5、高6.5厘米（图九六，6）。T2②：4，残。白胎。侈口，圆唇，斜弧腹，圈足，底略平。口沿涂赭彩一周，内外下缘各饰青花弦纹两周。弦纹与口沿间浅涂蓝色，部分未涂满。底部边缘装饰青花弦纹两周，其内青花涂绘缠枝花卉。外壁纹饰与内底纹饰近似。外底饰青花弦纹两周。口径12、底径5.5、高6.5厘米（图九五，8；图版一二七，1~3）。H2：50，残。白胎。侈口，圆唇，斜弧腹，圈足，底平。口沿外饰青花弦纹两周，腹部青花绘荷叶状花卉。外底饰青花弦纹两周，内绘方形花押，内部图案或文字难辨。口径11.8、底径4.3、高5.7厘米（图九五，7）。

C型　4件。折沿口。H2：15，残。白胎。折沿口，尖唇，弧腹，高圈足，外底略下凸。折沿处青花绘三方连续的变体云纹，以浅色青花为地，深色青花涂绘。内底饰两周青花弦纹。外壁青花绘龙纹，龙身略呈波浪形，双目圆睁，龙口张开，露出下颚牙齿，上颌两道长龙须。躯干以"W"形纹饰装饰，四肢张开，各四趾，以单线或双线勾勒。龙首前方有一宝珠，周围以四团火纹围绕。龙身下绘两朵云纹。外底饰青花弦纹两周。口径13.5、底径6、高6.3厘米（图九七，2）。G2H1：6，残。白胎。折沿口，圆唇，弧腹，高圈足，足端尖，底平。内壁青花绘龙首及前肢，下肢及龙尾延伸至外壁，内外壁均绘祥云围绕龙身，通体绘龙鳞，龙爪四趾。外底饰青花弦纹两周，内青花线绘必定成功款。口径9.6、底径4.4、高5.5厘米（图九七，4；图版一二七，4~6）。H2：80，残。白胎。折沿口，圆唇，弧腹，高圈足，底平。内壁口沿下缘及底各饰青花弦纹两周。外壁口沿下饰青花弦纹两周，其下书青花变体"寿"字纹三周。足墙饰青花弦纹两周。口径10.2、底径4.2、高5.4厘米（图九七，1；图版一二八，1、2）。CQ①：5，残。白胎。折沿口，圆唇，弧腹，高圈足，底平。口沿外下缘饰青花弦纹两周。外壁腹部装饰云纹和"回"形几何纹饰一周，腹部与足墙连接处装饰连续莲瓣纹一周。足墙饰青花弦纹两周。口径12、底径4.2、高6.4厘米（图九七，3；图版一二八，3、4）。

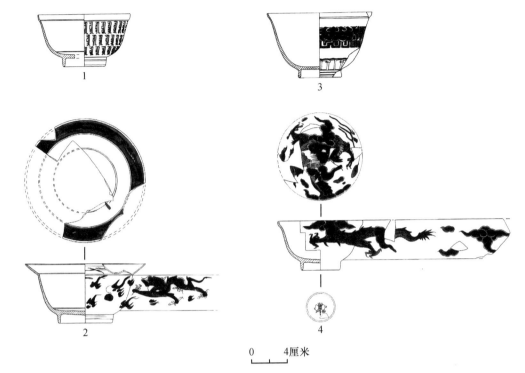

图九七 C型青花瓷碗
1. H2：80 2. H2：15 3. CQ①：5 4. G2H1：6

十、其 他

74件。

1. 盏托

2件。采集：117，残。白胎，足底无釉，其余施透明釉。花口，圆唇，器身以凹凸棱表现花瓣，中空，高圈足，足墙外侈。表面釉上绘山水、绿树、房屋。口径10.7、底径7.4、高2.5厘米（图九八，3；图版一二八，5、6）。采集：116，残。白胎，表面施透明釉。敞口外撇，尖唇，涂金边，中空，高圈足，足墙微侈。表面釉上以黑色双线勾勒文字，现仅余"绿水湘瓯"四字，旋读，隶书。口径10.8、底径7、高2.7厘米（图九八，6；图版一二八，7、8）。

2. 笔筒

7件。采集：53，完整。白胎，表面施透明釉。圆柱形，方唇，口沿部略厚，直身，圈足，足墙厚，内底平。口径6.6、底径6.5、高9.3厘米（图九九，5；图版一二九，1、2）。

3. 鸟食罐

5件。H2：72，略残。白胎，通体施透明釉。直口，圆唇，溜肩，斜腹，尖底。上腹部立一系，系上开一圆形系孔。肩部饰一周青花席纹。腹部青花彩绘荷塘小景，有荷叶、莲花、水草等。整个腹部采用二方连续构图，两面图案基本相同。底部饰青花弦纹两周。口径7.6、腹径9.9、高6.7厘米（图九九，2；图版一二九，3、4）。

4. 鼻烟壶

2件。H2：11，残。白胎，通体施透明釉。大体呈四边形，四面有凸出平面。口沿残，可见呈八边形，直颈，直腹，足部上小下大，平面呈梯形，实心。四面设画框，相对的两面题材一致，分别青花绘兰花纹和菊花纹。口径0.8、宽1.6、高3.3厘米（图九八，1；图版一二九，5、6）。

5. 瓶

30件。根据造型的不同，分为四型。

A型　7件。溜肩，鼓腹。采集：82，完整。白胎，通体施透明釉，底部涩圈。侈口，圆唇，长颈，溜肩，鼓腹，圈足略内收。素面。口径2.4、底径3.3、高12.4厘米（图九八，4；图版一三〇，1）。

B型　20件。圆肩，折腹。尺寸略有差异。采集：50，完整。白胎，通体施透明釉，底部涩圈。侈口，圆唇，长颈，圆肩，折腹，圈足外侈。素面。口径2.7、底径4.2、高13.9厘米（图九八，5；图版一三〇，2）。采集：46，完整。白胎，通体施透明釉，底部涩圈。侈口，圆唇，长颈，圆肩，折腹，圈足外侈。素面。口径2.6、底径4.2、高13.1厘米。

C型　1件。圆肩，鼓腹。采集：45，完整。灰黄胎，通体施黄釉，底部涩圈。口微侈，圆唇，长颈，中部略细，圆肩，鼓腹，圈足。表面密布点纹。口径2.5、底径4、高9.3厘米（图九八，2；图版一三〇，3、4）。

D型　2件。广口，弧直腹。采集：44，完整。白胎，通体施透明釉。广口，圆唇，弧直腹，圈足。圈足与腹部之间收束较大。口径5.1、底径3.7、高7.6厘米（图九九，3；图版一三一，1）。

6. 盒

1件。采集：114，残。白胎，内外壁施透明釉，口沿、外底外缘及足底不施釉。盒盖无存，盒身子口，直身。器身青花绘蓝地冰梅纹。口径9.8、底径10.4、高3.8厘米（图九九，1；图版一三一，2）。

7. 钵

1件。H2：77，残。灰白胎，内外壁施粉青釉，釉肥厚，器底不施釉，涂褐彩。敛口，圆唇，鼓腹，圜底，三个乳足。口径15.5、腹径17.8、高8厘米（图九九，7；图版一三一，3、4）。

8. 盆

1件。DH1：2，残。白胎较厚，口沿、足底、外底不施釉，内外施透明釉。侈口，圆唇，

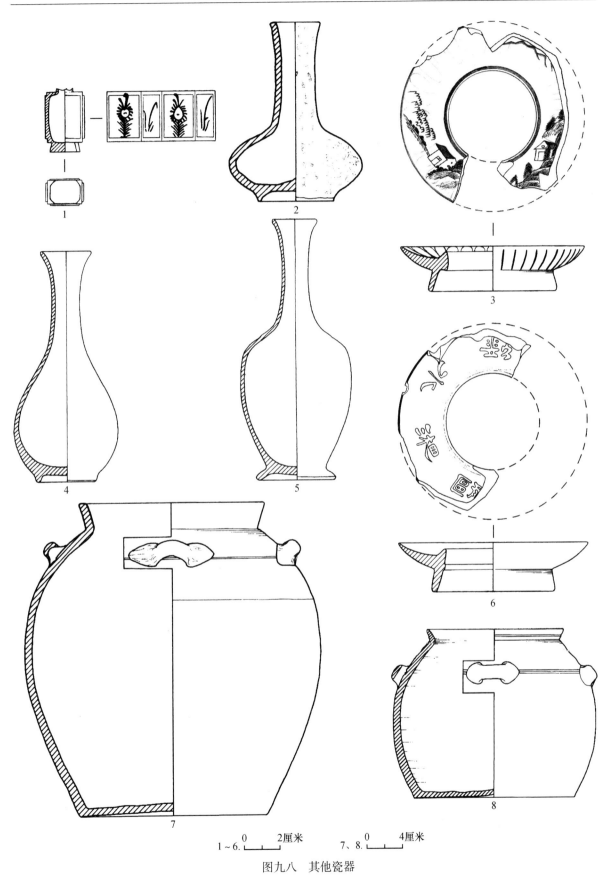

图九八　其他瓷器

1. 鼻烟壶（H2：11）　2. C型瓶（采集：45）　3、6. 盏托（采集：117、采集：116）　4. A型瓶（采集：82）

5. B型瓶（采集：50）　7. Aa型罐（T1H13：1）　8. Ab型罐（T1H14：6）

束颈，鼓腹，圈足。内腹无纹。外壁青花绘龙纹，龙头向右，龙身盘于器身，龙头怒目圆睁，张牙舞爪，龙足细绘鳞纹，龙爪四趾。龙身周围涂绘云纹。口径19.4、底径10.6、高11.7厘米（图九九，8；图版一三一，5、6）。

9. 罐

15件。器形较为特殊，根据釉色的不同，可分为青釉、青花、釉上彩、透明釉四型。

A型　11件。青釉。根据腹部高低不同，分为二亚型。

Aa型　10件。高腹。尺寸不一。T1H14：7，残。灰红胎，青釉，内无釉，外施釉不及底。器形较小。敞口，方圆唇，鼓腹，平底。肩饰四横系。口径7.4、底径8、高13厘米（图九九，6；图版一三二，1、2）。T1H13：1，残。灰白胎，青釉，内施满釉，外施釉及底。器形较大。敞口，方唇，鼓腹，平底。肩饰一周弦纹和四横系。口径20.2、底径20.8、高33厘米（图九八，7）。

Ab型　1件。矮腹。T1H14：6，残。灰白胎，青釉，釉已脱落。敞口，圆唇，鼓腹，平底。口沿下部饰两周弦纹，肩饰一周弦纹和四横系。口径15.8、底径17.8、高18.3厘米（图九八，8；图版一三二，3、4）。

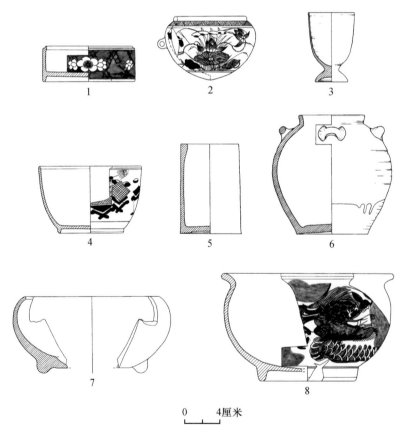

0　　　4厘米

图九九　其他瓷器

1. 盒（采集：114）　2. 鸟食罐（H2：72）　3. D型瓶（采集：44）　4. B型罐（WJ：20）　5. 笔筒（采集：53）
6. Aa型罐（T1H14：7）　7. 钵（H2：77）　8. 盆（DH1：2）

B型 2件。青花。WJ：20，残。白胎。敞口，尖唇，直弧腹，圈足，底平。内壁口沿下饰青花弦纹一周。外壁口沿下饰青花弦纹两周，其下青花绘围棋盘置于桌上，旁有椅子及棋盒等物。足墙经过旋削处理。口径11.6、底径7.5、高7.3厘米（图九九，4；图版一三二，5、6）。采集：146，完整。白胎，通体施透明釉。广口，直身，圈足微外侈，底平。口沿处阴刻两周绿色弦纹。外壁以弦纹为界，分上、下两部分。上部绘绿色变体蝙蝠纹，中央圆圈内白底蓝框写一"福"字。下部釉下青花彩绘双龙戏珠纹，双龙饶有兴味地注视中央圆形宝珠，大嘴张开，长舌从口中伸出，身体呈"M"字形，龙鳞呈网格状，双足，一足在前，似要抓宝珠，一足支撑身体，龙爪五趾，身体中部被云气遮挡。口径12.5、底径9.3、高11.1厘米（图一〇〇，4；图版一三三，1、2）。

C型 1件。釉上彩。采集：139，残。白胎，内外施透明釉。侈口，圆唇，束颈，鼓腹，圈足。口沿内涂浅绿彩。内底阳刻"永宝用之"四字，对读，行楷。外壁以褐、黄、绿、红等彩釉上绘树枝、树叶、小花等。口径21.5、底径13.6、高12.8厘米（图一〇〇，1；图版一三三，3）。

D型 1件。透明釉。T1①：1，残。灰胎，施透明釉，略呈豆青色，内外施满釉。侈口，口沿外撇，方唇，束颈，鼓腹，中部略有转折，圈足。束颈部分阴刻四周粗弦纹。口径9.4、底径6.7、高9.9厘米（图一〇〇，3；图版一三三，4）。

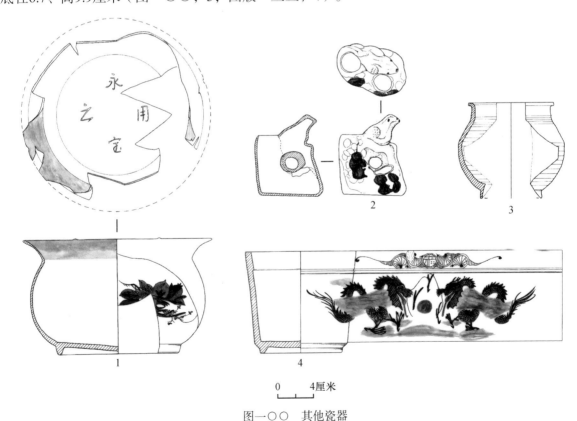

图一〇〇 其他瓷器

1. C型罐（采集：139） 2. 鸟形笔插（采集：58） 3. D型罐（T1①：1） 4. B型罐（采集：146）

10. 玩具、摆件类

鸟形笔插　2件。采集：58，完整。白胎，鸟嘴、眼睛及插笔孔边缘施褐釉，松叶施绿釉，其余施透明釉，微泛鸭蛋青色。一只鹦鹉立于松树之上，鹦鹉目视前方，双翅上粗刻鸟羽。整体中空，两个笔孔一高一矮，底部相通。松树表面刻松树皮的鳞形纹，一面刻数团松针。底部刻"邦记"二字。宽6.7、高8.7厘米（图一〇〇，2；图版一三三，5、6）。

鸡　1件。H1：1，残。灰白胎，质地较疏松，身体施黄釉，双足及假山施蓝釉，凸起部分显白。鸡头残断无存，身体肥硕，翅膀及尾羽刻画写实，颈、腹的羽毛以断阴线表现，胸腹部开一孔。双足似立于假山上，四趾弯曲抓地。假山表面多圆形和不规则形的凸起。宽4.3、残高4.8厘米（图一〇一，1；图版一三四，1、2）。

鸭　1件。H2：73，残。灰白胎，质地较疏松，上身施黄釉，双足及山石施绿、褐色

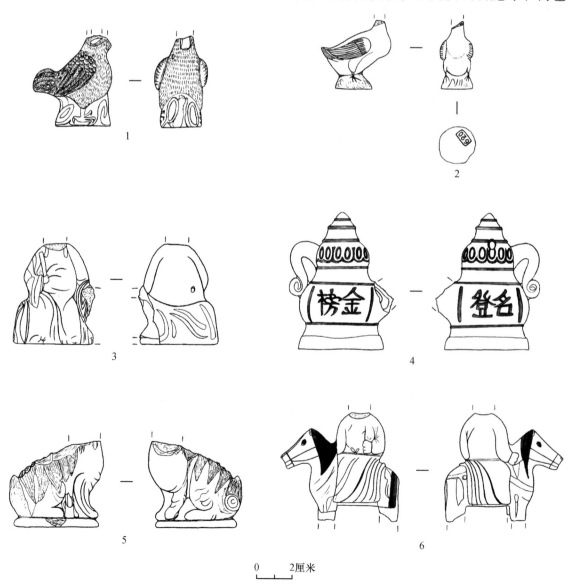

图一〇一　玩具、摆件类瓷器

1. 鸡（H1：1）　2. 鸭（H2：73）　3. 坐俑（H2：69）　4. 小壶（H2：7）　5. 狮（H2：70）　6. 骑马俑（H2：71）

釉。鸭头残断，翅膀细刻羽毛，双蹼立于石上。底平、实心，细线阴刻方形框，内阴刻数字"620"，字体标准规范。宽3.7、残高3.6厘米（图一〇一，2；图版一三四，3、4）。

狮　1件。H2：70，残。灰白胎，质地较疏松，鬣毛及尾施黄褐色釉，其余施绿釉，刻发纹。狮头残断无存，全身蹲踞状，后肢屈，前肢挺直，背上鬣毛向两侧呈绺状分开，尾上翘，略呈桃形。右侧前后肢之间立一圆形竹子，顶部残断。底座为圆角四边形。宽5、残高4.6厘米（图一〇一，5；图版一三四，5、6）。

坐俑　2件。H2：69，残。白胎，身体施蓝釉，凸起部分颜色浅，山石施浅黄釉。头、颈部残断，帽上的软幞脚垂于胸前，身着圆领长袍，粗刻衣纹，袖部宽大。小腹微鼓，左手下垂，手掌残断，前臂置于左膝旁。右手屈于胸前，持长笏板。背后开一孔。双足分开，似坐于一山石之上，山石背面刻竖向纹理。宽4.5、残高5.4厘米（图一〇一，3；图版一三五，1、2）。

骑马俑　1件。H2：71，残。红胎，身体施绿釉，凸起部分颜色浅，马施褐釉。一人侧身坐于马背之上，头、颈部残断，身着圆领长袍，腿间竖向衣纹较密集。衣上有褶纹，窄袖，小腹微鼓。左手屈肘于腹前，手握马鞭。右手垂于体侧。马头配络脑，四足残断。宽7、残高6.1厘米（图一〇一，6；图版一三五，3、4）。

小壶　1件。H2：7，残。灰白胎，外壁通体施酱釉。流残，壶盖为假盖，与壶实为一体，略呈圆锥形，分三层。口沿处饰浅浮雕环纹，口沿与装饰性壶盖间开一小圆孔，孔径0.5厘米。壶身呈椭圆形，束颈，壶把置于口沿与腹部之间，呈条带状"S"字形，上半部分较大，中间有空隙在颈部，供提握；下半部分较小，中无空隙，漩涡状。饼足。壶身两面分别开光，一面塑"金榜"二字，另一面塑"登名"二字。底径4.7、高7.2厘米（图一〇一，4；图版一三六，1、2）。

灯　1件。采集：164，完整。红胎，白釉，外施满釉。底座上承一杯形盏，中间以一空心圆柱连接，盏口外撇，圆唇，直壁，喇叭形空心底座。底部表面刻划圆弧形装饰，每条圆弧形中部刻一圆圈。宽8.4、高6厘米（图一〇二；图版一三六，3、4）。

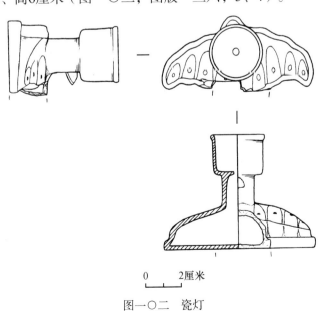

0　　2厘米

图一〇二　瓷灯

（采集：164）

第六章 发掘收获与初步认知

一、年代分期

综合整个遗址的地层、遗迹现象及出土遗物情况，可以将遗址分为四期。

1. 第一期：唐代

一直以来，由于考古材料的缺乏，桂林市区最早建城的历史尚存在许多争议。据文献记载，桂林市区的城建应该始于三国时期。西汉以来，桂林市区范围称始安县，东汉称始安侯国，属零陵郡。东汉末年，桂林先属吴境，建安十九年（214年），吴、蜀联合抗曹时，部分地盘由吴改属蜀，"……更寻盟好，遂分荆州长沙、江夏、桂阳以东属权，南郡、零陵、武陵以西属备。"黄初二年（221年），魏文帝策命孙权，"今封君为吴王，……以大将军使持节督交州，领荆州牧事"[①]，岭南复属吴。孙皓于甘露元年（265年）十一月，"以零陵南部为始安郡"[②]。桂林的地位得到提升，由县升格成为郡，郡治在今桂林市区。南朝刘宋政权于景平二年（424年）派员外常侍颜延之为始安太守，他常在桂林独秀峰下读书，则当时桂林城当在独秀峰周围不远。独秀峰以北1000米以内的观音阁曾出土南朝时期墓葬，可知这里已是城外。唐武德四年（621年），李靖任岭南抚慰大使、检校桂州总管，在桂州建子城，"周三里十八步，高一丈二尺，开腾仙、东江、静江、顺庆四门"。唐宣宗大中年间（847~859年），桂州刺史蔡袭在原子城的基础上，向外增建了外城。外城周长三十里，高三丈二尺，其南墙或扩展到今杉湖北岸，正阳路步行街南端。光启年间（885~888年），桂州都督陈可环在子城的西北修筑"夹城"，"从子城西北角二百步北上抵伏波山。缘江南下抵子城逍遥楼，周回六七里"。桂林东巷北距独秀峰约300米，应在唐代子城南部或南门外不远。此次发掘在最早的文化层中虽未发现唐代的建筑遗迹，但是出土较多唐代联珠莲瓣纹地砖，这种地砖是官署、寺院等地方专用，与之形制完全相同的地砖在西山唐代西庆林寺遗址有较多的发现。故可印证唐代该处已是桂州城中较为中心的位置，附近有衙署或寺院等建筑。此外，在唐代地层里发现一些桂州窑、北海地区英罗窑等生产的青瓷四系罐、双沿罐、碗、盏、窑具等。

---

① （晋）陈寿：《三国志》卷四十七，北京：中华书局，1971年，第1119~1122页。

② （晋）陈寿：《三国志》卷四十八，北京：中华书局，1971年，第1164页。

2. 第二期：宋元时期

该期使用时间较长，经过数次重要的修建，为桂林城市风貌的形成奠定了基础。北宋时期，权知桂州余靖开始筹资扩建桂州城，这次城建用工10万余，历时10个多月完工，已是当时规模宏大的一次城市建设；南宋时期，为抵御蒙古军队，桂州城池再次扩建；宋理宗宝祐六年（1258年）至宋度宗咸淳八年（1272年），广南制置使李曾伯、经略使朱禩孙、赵与霖和胡颖等几任静江府主官全面加固静江城，连续四次扩建城池，前后用工近300万人。扩建后的静江城以今榕杉湖为南缘，东至漓江西岸，北抵鹦鹉山，西临桂湖，共筑有6000多米的城墙，设城门15个，均为砖石结构，有团楼、硬楼、藏兵洞等军事设施。这几次扩建的情况，包括城池图、用工用料、监工负责人等，都镌刻在鹁鸠山（今广西桂林市鹦鹉山）南麓石崖《静江府城池图》上（图一○三）。该图绘于南宋咸淳八年（1272年），同年刻石。

根据《静江府城池图》的标识，此次探方发掘区域位于宋代府城之内。这次发掘发现四期宋代建筑的地面及填垫层，虽然遭受灰坑、磉墩等打破影响，但仍保留部分墁砖地面，叠压关系明显，体现了宋代桂林的发展历程。发现的宋代早晚两个时期的排水沟，从地层断面看互相叠压，特别是宋代早期的排水沟，体量、规模较大，做工形制较为规范，应该是宋代官署中的附属设施。

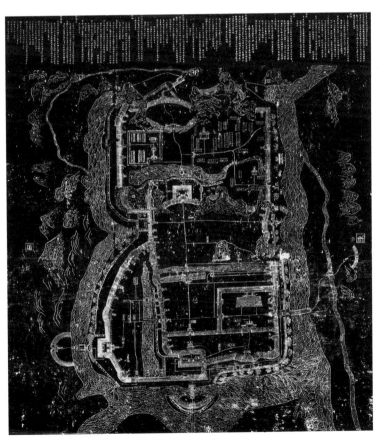

图一○三　静江府城池图

（桂林市文物保护与考古研究中心提供）

元代独秀峰下大圆寺为地方政府行政机构所在地，元末元顺帝未继位以前曾居住于此。此次发掘发现的元代路面，做工较为规整讲究，应该也是官署中的附属设施。

3. 第三期：明代

洪武三年（1370年），朱元璋分封秦、晋、周、燕、鲁、靖江等十一王。靖江首代藩王为朱元璋胞兄朱兴隆之孙、朱文正之子朱守谦，封地在今广西桂林，共延续280年之久，是明代藩王中在位时间最长、传位人数最多的一脉王系。

洪武五年（1372年），先行差官按朝廷规制在独秀峰周围元代官署基础上营建藩邸，相较明代北京城的营建早34年。洪武九年（1376年），靖江王就藩时，靖江王府已基本完善。洪武二十六年（1393年）又进行了重修，"宫殿诸衙门俱重起造，焕然一新"。靖江王府位于桂林市中心的独秀峰前，建筑格局以南京故宫为蓝本缩小规制而建，是典型的明代藩王府规制。王城以独秀峰为坐标的南北中轴线上，依次排列端礼门、承运门、承运殿、寝宫、御苑、广智门等主体建筑。中轴线东西侧的宫院楼宇呈对称布局。此次发掘发现了位于靖江王府南门正阳门外的宗祠遗址，其规制与明代对亲藩王府邸建筑的要求一致。这也与2000多年前《周礼·考工记》中"左祖右社"的都城建设规划思想相合。这是明代除帝都之外皇家宗室宗祠遗址的重大发现。

因发掘区域处于明代靖江王府内外城之间，此次发掘亦发现了明代早期靖江王府重要官式建筑地下基础的构建方式。从探沟的试掘中，我们可以看到明代官式建筑基础的8个垫层，总厚度在1.6米左右。表面第一层为河卵石夹黄土或碎砖瓦铺设，上面极有可能铺设有地砖，现已不存。其下铺垫一层碎砖瓦，间杂零星青砖碎块，该层厚10～15厘米。再下则是一层厚30～40厘米的灰黄土层。这层灰黄土层以下又铺垫一层碎砖瓦层，厚15～20厘米，基本与上一层一致。这层碎砖瓦层下面又叠压着灰黄土夹碎砖瓦的地层，厚25～30厘米。这层灰黄土层之下是石灰石垫层，厚25～35厘米。从H1的剖面观察，该层石灰石垫层以下仍然有一层灰黄土垫层和一层石灰石垫层。

由于这一时期该区域作为明代靖江王府重要的礼制性建筑被精心打理，所以除了明代的建筑地基、石构件等遗物外，没有遗留其他物品。

4. 第四期：清代、民国时期

1650年，清定南王孔有德攻入桂林，末代靖江王朱亨歅被缢死，国除。靖江王府成为孔有德的定南王府官邸。两年后，抗清名将李定国反攻桂林，孔有德兵败，烧靖江王府，历时260年的靖江王府被付之一炬。顺治十四年（1657年），靖江王府内城旧址略加改建为广西乡试贡院。清光绪十五年（1889年）《广西通志辑要》中的《省城图》明确标注了东巷和西巷的具体位置就在清代广西贡院正贡门之东西（图一○四）。紧邻城墙之外的地域逐渐成为各级官员、富绅的住宅。这次发掘的部分地基就是清末广西巡抚岑春煊住所，其东面原靖江王府的宗庙遗址被改造成岑氏祠堂。

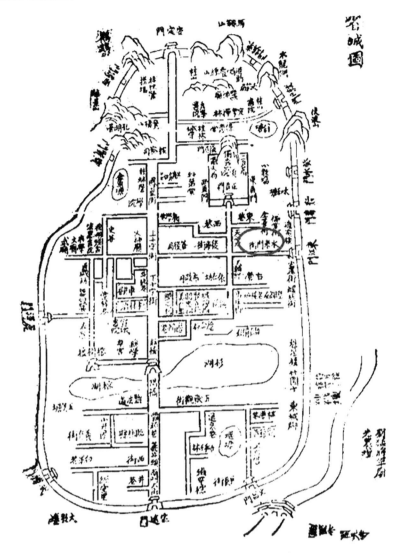

图一〇四　光绪年间桂林《省城图》

[（清）沈秉成修，苏宗经、羊复礼撰：《广西通志辑要》，台北：成文出版社，1967年，第2页]

民国时期，这里成为商人的住宅、会所、商铺。遗址出土大量形制一致的瓷器，说明东巷曾有规模较大的瓷器商行营业。1944年11月，在抗日战争桂林保卫战中，全城遭遇日军空袭，市中心区域损毁严重，全城焚余房屋，仅存1/100。其后人们陆续在废墟上重建，但是财力不逮，故难复原原贸易重地之繁华，道路狭窄，屋舍密集，排水、厕所等附属设施杂乱无序。瓷器行商人埋于地中的瓷器或许由于家破人亡而无人知晓，遂成为窖藏。

由于该区域所建房屋大都单层、面积较小，无须太深地基，所以重建、增建时往往没有做很深的清理，留下了大量清代早期到民国时期的遗迹和遗物，特别是瓷器。既有清代早期模仿明代成化、宣德等年款的伪托款识，也有雍正年以降至清末的款识。早期瓷器多为江西景德镇的产品，晚清民国时期的瓷器多产自江西景德镇、湖南醴陵等地。

二、宗祠建筑

宗庙建筑在我国封建社会城市规划中是非常重要的一部分。早在西周时期，就有《周礼·考工记》记载了古代都城的规划，"匠人营国，方九里，旁三门，国中九经九纬，经涂九轨，左祖右社，面朝后市"。从目前考古材料看，先秦时期的都城宗庙遗址在都城中的位置尚难确定。但是西汉长安城之后，在城市南门的东、西两侧，东面安排祭祀祖先的宗庙建筑，西面安排祭祀土地和祈祷丰收的社稷坛，已逐渐发展成为定制。

洪武四年（1371年），明政权规定立宗庙、社稷坛的具体位置，"立社稷山川坛于王城内之西南，宗庙于王城内之东南"①。两个礼制性建筑成为各地分藩建藩的标准配置。此外，对亲藩王府宗庙的规制亦有规定，"（宗）庙为殿五间，东西为侧阶，后为寝殿五间，前为门三间"②。洪武九年（1376年），对宗庙、社稷坛等礼制性建筑进行了改制，"凡王国宫城外左立宗庙，右立社稷。……其宗庙许立五庙，二昭、二穆与始祖之庙为五，以始封之王为始祖"③。靖江王府府址是由朱元璋在洪武三年（1370年）七月钦定的。肇建于洪武五年（1372年），洪武九年（1376年）基本完工，耗时近五年。桂林靖江王府宗祠建筑可能经历了从内城改建到内城之外的过程。根据这次考古发掘的结果，可知宗祠遗址并没有寝殿，这个格局的形成可能有两个原因，第一个原因可能是内城南墙与东西向大路（今解放东路）之间的纵深有限，无法容纳在宗祠建筑后再建寝殿；第二个原因可能是历代明代靖江王的陵墓设施非常完备有序，宗祠寝殿的功能似可置于尧山诸王坟间。

由于明代靖江王宗祠遗址并未发现明显被焚烧的痕迹，可以推定该地在明亡之后并未受到非常大的破坏。清代早中期，原明代靖江王宗祠遗址有何用途尚待进一步研究，但是晚清时期此地作为名臣岑毓英、岑春煊父子的家庙、私塾使用过相当长的时间。

岑毓英是广西西林人，行伍出身，光绪十五年（1889年）卒于云贵总督任上。早年他认为其家乡西林距离省会二千余里，"子弟读书应试，既苦道远，又少观摩"，于是有侨居桂林的想法。同治十三年（1874年）八月，岑毓英命长子春荣、次子春煦扶江夫人、赖夫人灵柩归粤西，卜地安葬于临桂县（在今桂林市内）城东尧山。营葬完毕后，"购宅于省垣水东门内仁寿宫井巷留居读书。迨公奉讳归后，增置田宅，建立庙塾，为长久计。而以西林祖遗产业（赠或留）公之诸弟"④。1875年，英国驻华公使译员马嘉里在滇缅边境被杀，英国认为是岑毓英指使，要求对其提审。岑毓英借庶母谢太夫人去世，丁忧挂职而去。光绪三年（1877年）五月，回到桂林寓所，"于第旁增购地基，遵会典、立家庙，后为家塾。鸠工庀材，费万余金。历三年而落成。又以万金置买房屋田地，岁收租入为庙塾义产。后复撰立家庙碑铭，家塾四箴，

① （明）夏原吉等纂修：《明太祖实录》卷六十，台北："中研院"历史语言研究所，1962年。
② （明）夏原吉等纂修：《明太祖实录》卷六十，台北："中研院"历史语言研究所，1962年。
③ （明）夏原吉等纂修：《明太祖实录》卷一〇三，台北："中研院"历史语言研究所，1962年。
④ 北京图书馆：《北京图书馆藏珍本年谱丛刊》，北京：北京图书馆出版社，1999年，第170册，第133页。

并审定经费章程编于族谱"①。岑春煊在甲午中日战争失败后，辞职南归，寓居桂林，多有增益。清亡后，与民国政府、桂系军阀多有往来。后隐居上海直至1933年去世。

从上述文献可知，岑毓英购买住宅于1874年，购买地皮建家庙始于1877年，1880年建设完毕，家庙的场地也作为家族的私塾来使用。明代藩王、清末地方要员延续使用五百余年的遗址保存基本完好，这在全国范围内较为难得，是地方历史、明清建筑等研究的重要实物资料。

总的说来，此次发掘虽然具有时间仓促，发掘面积、发掘场地受施工建设影响严重，发掘区域地下渗水严重，各种打破现象关系复杂等各种不利因素，但我们还是基本了解到了发掘区域地层堆积的历史信息，各种遗迹和遗物见证了自唐代以来至今各个时期的桂林城市发展过程，为今后研究桂林的城市史提供了非常珍贵的实物资料。

---

① 北京图书馆：《北京图书馆藏珍本年谱丛刊》，北京：北京图书馆出版社，1999年，第170册，第163页。

后　记

　　光阴荏苒，日月如梭，转眼间离桂林东巷考古发掘工作完成已十年有余。今天的东巷，已是桂林旅游的热点和网红打卡地，一片繁华景象。十年前，在杂乱不堪的工地清表后开展抢救性考古发掘工作，其间与建设工期抢时间，许多纠缠、许多遗憾、许多酸甜，个中滋味已难以言表。十年来，又发生了许多事，旧貌新颜，物是人非，重温往事，唯有嘘唏！今天，本次发掘报告历时一年多的整理编撰已基本完稿，算是完成了对当年参与本次发掘各项工作的诸位一种应答，也是对桂林市中心城区千年地书所代表的厚重历史的尊重，聊以慰藉。

　　2013年桂林东巷考古发掘项目领队为广西文物保护与考古研究所韦革，执行领队为桂林市文物工作队贺战武，当时参与考古勘探发掘的人员有桂林市文物局周有光、陈远非，桂林市文物工作队苏勇，桂林市靖江王陵文物管理处张阳江、阳灵、官春燕；广西师范大学历史文化与旅游学院硕士研究生秦婕、张玉艳，四川大学历史文化学院硕士研究生邹颖等同仁。后期参与资料整理的有桂林理工大学刘勇，桂林市文物保护与考古研究中心张宗亚参与了部分器物的描述工作，器物拼对、修复、拓片、绘图为李蓓、李俊儒，器物摄影为韦革。

　　发掘工作得到当时广西壮族自治区文化厅、文物局，桂林市文化局、文物局，桂林市秀峰区人民政府等各级单位的高度重视和大力支持。广西壮族自治区文化厅副厅长（文物局局长）覃溥（已故）女士，广西壮族自治区文物局谢日万常务副局长、彭鹏程副处长，广西文物保护与考古研究所林强所长，桂林市文化局、文物局各位领导，桂林市秀峰区黄海燕副区长、何琼羽（已故）副调研员、莫涵栖同志多次到发掘工地调研协调指导工作。整理期间，桂林市博物馆周华、桂林市靖江王陵文物管理处曾祥忠等同志为瓷器年代的判定提供了无私的帮助。陈晓颖同志为线图的编排付出了大量的劳动。

　　在此，谨向提供支持和帮助的各个单位、各位领导、各位同仁致以谢意！

　　本报告由韦革、刘勇撰写，韦革对全书进行统稿编排。由于编者水平有限，本报告肯定存在诸多不足之处，恳请读者及学界同仁批评指正。

韦　革

2024年6月

鸟瞰靖江王府
（南—北，贺战武摄）

1. G1第1层现状（东—西）

2. G1第2层现状（东—西）

3. G1第3层发现的清早期地面（东—西）

4. G1第6层发现的明代早期活动地面

5. G1第6层下的石灰胶结面

6. G1第7层底或第8层面铺设的风化碎石

G1地层及相关遗迹

1. G1第8层现状（西—东）

2. S1（磉墩1）剖面

3. G1第10层砖铺地面

4. G1第11层砖瓦碎片

5. G1第10～12层发掘情景

6. G1东侧地层与S2（磉墩2）

G1发掘现场及重要遗迹

1. G1西侧地层

2. G2第5层发现的明代建筑墙体倒塌遗迹（北—南）

3. G2发现的明代大型官式建筑地下基础的
第一层片石面（北—南）

4. G2发现的明代大型官式建筑地下基础的
夯筑情况

5. G2的地层堆积情况（北—南）

G1西侧地层、G2地层及重要遗迹

1. G3第3层发现的岑氏公馆建筑基础（西—东）

2. G3第6层发现的明代大型官式建筑地下基础的夯填状况

3. 东巷考古发掘布设的两个10米×10米探方
（东北—西南）

4. T1北壁剖面

建筑基础及地层剖面

1. T1东壁剖面

2. T1南壁剖面

3. T1西壁剖面

4. T1发掘完工情况（北—南）

T1地层剖面及完工照

1. 远眺宗祠遗址（南—北）

2. 岑春煊家庙旁的灰坑里发现的靖江王府宗祠建筑的柱础

3. 现场施工推土里发现的靖江王府宗祠建筑的柱础
和料石

4. 靖江王府宗祠西北角须弥座

靖江王府宗祠重要遗存

1.靖江王府宗祠残存的西侧围墙（南—北）

2.靖江王府宗祠残存的西侧围墙上的批灰

3.靖江王府宗祠残存的东侧围墙及散水（西—东）

4.靖江王府宗祠残存的东侧围墙底部的排水孔

靖江王府宗祠建筑遗存

1. G2发现的靖江王府宗祠建筑地下基础的夯土层及第一层片石面

2. G2发现的靖江王府宗祠建筑地下基础的六层夯土层及三层片石面

靖江王府宗祠地下建筑夯土层及片石面

1. T1发现的元代路面（南—北）

2. T2发现的宋代晚期建筑的排水沟

3. T2东侧发现的宋代早期建筑的排水沟

4. T2的宋代晚期、早期建筑排水沟位置关系图

元代路面及宋代排水沟

1.宋代石质水槽的开口部分

2.宋代石质水槽俯视图

3.宋代石质水槽立面图

4.岑毓英故居遗址（南—北）

宋代石质水槽及岑毓英故居

1. 岑毓英故居遗址的散水地面（南—北）

2. 岑毓英故居遗址叠压的靖江王府宗祠基础（北—南）

3. H1的开口

4. H1发现的民国时期批量瓷器

岑毓英故居及H1

1. H2的开口

2. 工作人员清理H2

3. 清理中的H2

4. H2出土的部分青花瓷

5. H2出土的部分青花瓷

6. H2的底部

H2及其出土遗物

1. 铜锁（采集：168）

2. 铜蚊帐钩（采集：162）

3. 铜器足（采集：163）

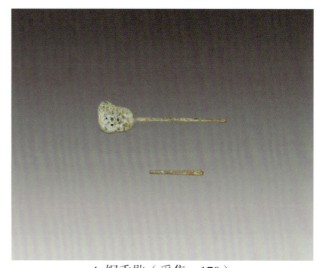

4. 铜香匙（采集：170）

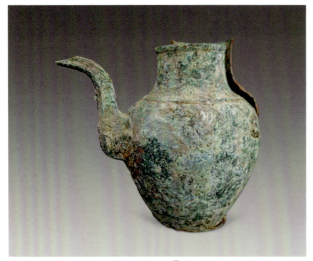

5. 铜壶（G1⑥：1）

6. 铁权（采集：102）

铜器、铁器

1. 铁片（采集：171、采集：172）

2. 铁釜（采集：173）

3. 铁杖首（采集：104）

4. 石砚台（G1H5：8）

5. 石塔形构件（G3③：1）

6. 石勾栏柱头（T2采集：10）

铁器、石砚台、石构件

1.A型唐宋板瓦（J1：8）

2.B型唐宋板瓦（H13：2）

3.明清板瓦（H5：6）

4.明清板瓦（H5：5）

5.A型板瓦瓦沿（H14：28）

6.B型板瓦瓦沿（H17：4）

板瓦、板瓦瓦沿

1. C型板瓦瓦沿（H5：1）

2. A型唐宋筒瓦（T1H14：29）

3. B型唐宋筒瓦（J1：9）

4. 明清筒瓦（G1H5：3）

5. 明代筒瓦（G1②：3）

6. 明代筒瓦（G1采集：3）

瓦件

图版一八

1. 明代筒瓦（T2G1：3）

2. 平口条（G1采集：1）

3. 压带条（G1采集：33）

4. 花纹砖（G1采集：5）

5. 花纹砖（G1采集：32）

6. 花纹砖（G1采集：30）

瓦件、砖类建筑构件

1. 花纹砖（G2③H1∶2）

2. 花纹砖（G2③H1∶1）

3. 灵霄盘子侧视图（G1采集∶4）

4. 灵霄盘子俯视图（G1采集∶4）

5. 长条形砖（T1④∶1）

6. 长条形砖（采集∶2）

砖类建筑构件

1. 小条砖（T1⑤：5）

2. 城墙砖（T1采集：3）

3. Aa型长方形砖（T2⑤：14）

4. Ab型长方形砖（T2⑦：1）

5. Ab型长方形砖（T2⑤：16）

6. Ba型长方形砖（H14：26）

1. Bb型长方形砖（H14：27）

2. Bb型长方形砖（H16：1）

3. Aa型方形砖（T1⑨：3）

4. Ab型方形砖（T1采集：3）

5. Ba型方形砖（T1采集：4）

6. Bb型方形砖（T1采集：5）

1.Bb型方形砖（T1采集：6）

2.Bb型方形砖（T1采集：7）

3.Aa型瓦当（T1H14：30）

4.Ab型瓦当（T1⑨：4）

5.Ac型瓦当（H14：31）

6.Ad型瓦当（T1采集：9）

砖、瓦当

1. Ae型（T1⑦：1）

2. Af型（T2⑨：3）

3. Ag型（T2采集：9）

4. Ah型（T2⑤：15）

5. Ai型（T2H10：1）

6. Aj型（T2⑥：5）

A型瓦当

图版二四

1. Ak型（T2H12：1）

2. Al型（G2⑦：2）

3. Ba型（T1⑧：1）

4. Bb型（G2⑦：3）

5. C型瓦当（G1采集：26）正视图

6. C型瓦当（G1采集：26）侧视图

瓦当

1. C型瓦当（G1采集：13）

2. C型瓦当（G1H2：1）

3. C型瓦当（G1采集：9）

4. D型瓦当（G1H5：9）

5. Aa型滴水（H7：1）

6. Aa型滴水（采集：5）

瓦当、滴水

1.B型青花杯（T2①：13）俯视图

2.B型青花杯（T2①：13）底视图

3.B型青花杯（T2：5）

4.B型青花杯（G1④：1）

5.A型釉上彩杯（采集：160）

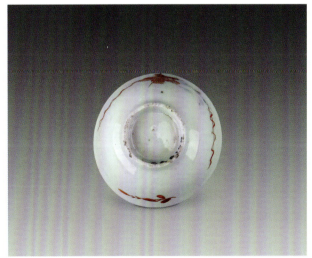

6.A型釉上彩杯（采集：55）

瓷杯

1. 采集：66

2. 采集：71正面

3. 采集：71背面

4. 采集：63

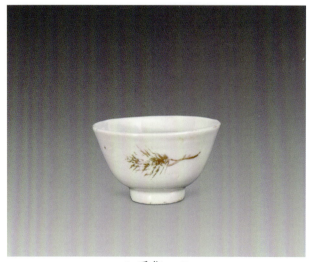

5. 采集：69

6. 采集：48

A型釉上彩瓷杯

1.A型（采集：56）

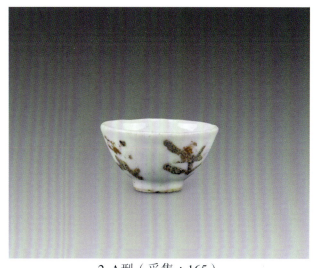

2.A型（采集：165）

3.A型（采集：153）

4.A型（采集：64）

5.B型（采集：52）

6.B型（CQ①：7）

釉上彩瓷杯

1. 采集：37正视图

2. 采集：37底视图

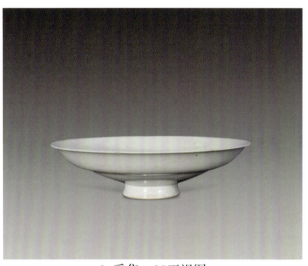

3. 采集：38正视图

4. 采集：38底视图

5. 采集：80正视图

6. 采集：80俯视图

B型透明釉瓷碟

1.B型透明釉碟（H2：56）

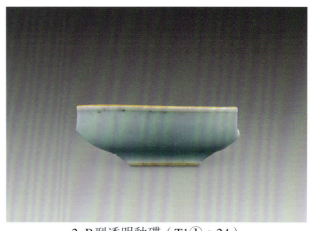

2.B型透明釉碟（T1①：24）

3.C型透明釉碟（G1H7：8）

4.A型青釉碟（T2H17：2）

5.Ca型青釉碟（T2⑤：8）

6.Aa型青花碟（G3③：6）

瓷碟

1. Aa型（G3③：11）正视图

2. Aa型（G3③：11）俯视图

3. Ab型（H2：59）俯视图

4. Ab型（H2：59）底视图

5. Ab型（G3①：7）俯视图

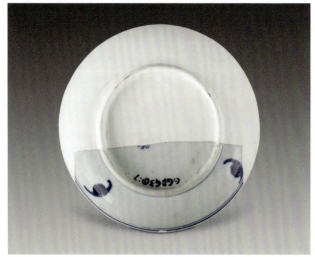

6. Ab型（G3①：7）底视图

青花瓷碟

1. H2：9俯视图

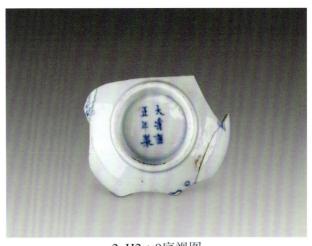

2. H2：9底视图

3. WJ：18正视图

4. WJ：18俯视图

5. 采集：54俯视图

6. 采集：54底视图

Ab型青花瓷碟

图版六八

1. H2：125俯视图

2. H2：125底视图

3. WJ：3俯视图

4. WJ：3底视图

5. H2：124俯视图

6. H2：124底视图

Ab型青花瓷碟

1. WJ：35正视图

2. WJ：35俯视图

3. WJ：35底视图

4. H2：100正视图

5. H2：100俯视图

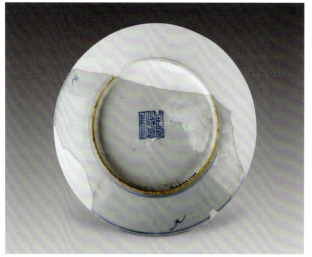

6. H2：100底视图

Ab型青花瓷碟

1. Ab型（H2：129）正视图

2. Ab型（H2：129）俯视图

3. Ab型（H2：129）底视图

4. Ab型（T2①：2）正视图

5. Ab型（T2①：2）俯视图

6. Ac型（H2：55）

青花瓷碟

1. H2：122正视图

2. H2：122俯视图

3. H2：122底视图

4. H2：20正视图

5. H2：20俯视图

6. H2：20底视图

Ab型青花瓷碟

1. H2：16正视图

2. H2：16俯视图

3. H2：16底视图

4. H2：17正视图

5. H2：17俯视图

6. H2：17底视图

Ab型青花瓷碟

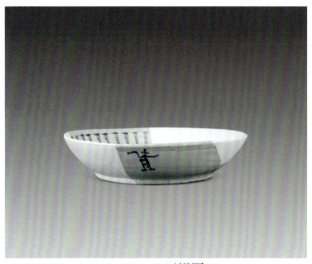

1. H2：10正视图

2. H2：10俯视图

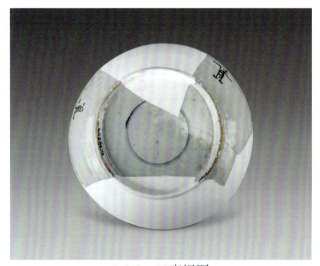

3. H2：10底视图

4. H2：123正视图

5. H2：123俯视图

6. H2：123底视图

Ab型青花瓷碟

1. WJ：33正视图

2. WJ：33俯视图

3. WJ：33底视图

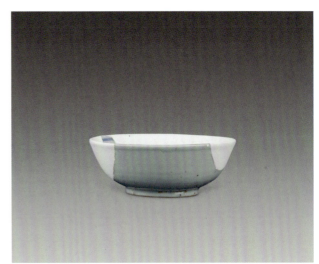

4. H2：13正视图

5. H2：13俯视图

6. H2：13底视图

Ab型青花瓷碟

1. Ac型（采集：32）俯视图

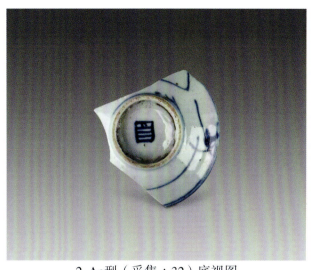

2. Ac型（采集：32）底视图

3. Ba型（XJ：10）俯视图

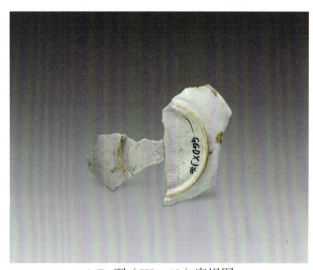

4. Ba型（XJ：10）底视图

5. Ba型（H2：31）俯视图

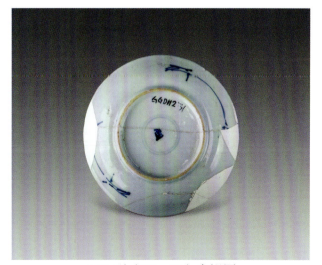

6. Ba型（H2：31）底视图

青花瓷碟

图版七六

1.采集：61俯视图

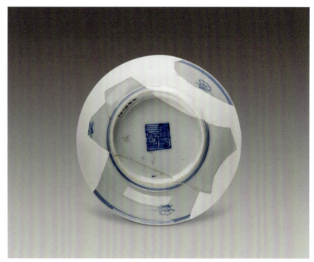

2.采集：61底视图

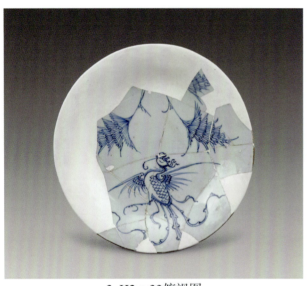

3.H2：33俯视图

4.H2：33底视图

5.G3③：18俯视图

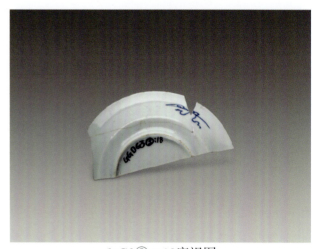

6.G3③：18底视图

Bb型青花瓷碟

1. H2：19俯视图

2. H2：19底视图

3. H2：18俯视图

4. H2：18底视图

5. WJ：8俯视图

6. WJ：8底视图

Bc型青花瓷碟

1. H4：7俯视图

2. H4：7底视图

3. H2：14俯视图

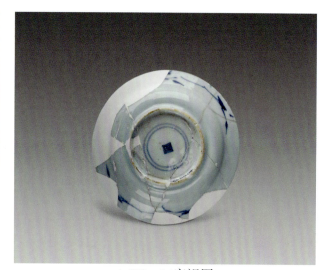

4. H2：14底视图

5. G2④：2俯视图

6. G2④：2底视图

Bc型青花瓷碟

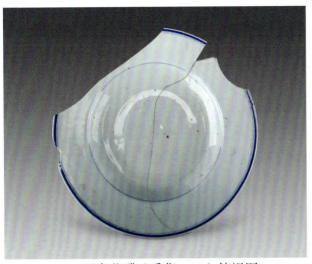

1. Bc型青花碟（采集：27）俯视图

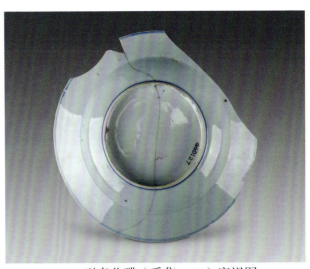

2. Bc型青花碟（采集：27）底视图

3. A型釉上彩碟（采集：122）俯视图

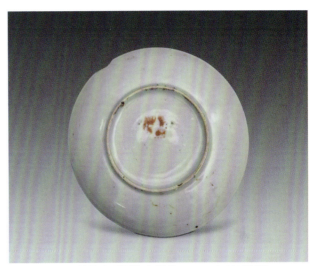

4. A型釉上彩碟（采集：122）底视图

5. A型釉上彩碟（采集：60）俯视图

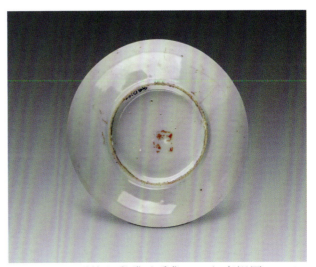

6. A型釉上彩碟（采集：60）底视图

瓷碟

1. A型（采集：123）俯视图

2. A型（采集：123）底视图

3. A型（WJ：26）俯视图

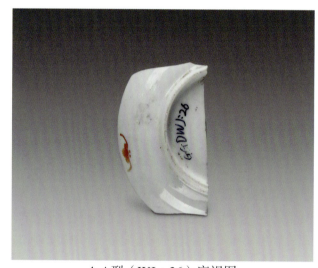

4. A型（WJ：26）底视图

5. B型（H2：87）俯视图

6. B型（H2：87）底视图

釉上彩瓷碟

1. T1J1：5俯视图

2. T1J1：5底视图

3. T1J1：5正视图

4. T1H7：2俯视图

5. T1H7：2正视图

6. T1H7：2底视图

Ab型青釉瓷碗

1. G1：34正视图

2. G1：34底视图

3. T2③：1正视图

4. T2③：1俯视图

5. G1⑧：3正视图

6. G1⑧：3俯视图

Ab型青釉瓷碗

1. T2①：6俯视图

2. T2①：6底视图

3. T1J1：6俯视图

4. T1J1：6底视图

5. T2⑤：3俯视图

6. T2⑤：3底视图

B型青釉瓷碗

1. 采集：127正视图

2. 采集：127底视图

3. H2：51正视图

4. H2：51底视图

5. G3③：20正视图

6. G3③：20底视图

7. G3③：25正视图

8. G3③：25底视图

Ab型青花瓷碗

1. DM：3正视图

2. DM：3底视图

3. WJ：27正视图

4. WJ：27底视图

5. 采集：120正视图

6. 采集：120底视图

7. DH5：4正视图

8. DH5：4底视图

Ab型青花瓷碗

1. G1R1：1正视图

2. G1R1：1底视图

3. H2：86正视图

4. H2：86底视图

5. H2：94正视图

6. H2：94底视图

7. H2：78正视图

8. H2：78底视图

Ac型青花瓷碗

1. Ad型（H2：44）正视图

2. Ad型（H2：44）底视图

3. Ad型（H2：79）正视图

4. Ad型（H2：79）底视图

5. Ad型（T2①：9）正视图

6. Ad型（T2①：9）底视图

7. Ba型（采集：90）正视图

8. Ba型（采集：90）底视图

青花瓷碗

1. 采集：108正视图

2. 采集：108底视图

3. WJ：32正视图

4. WJ：32底视图

5. H2：32正视图

6. H2：32底视图

7. WJ：5正视图

8. WJ：5底视图

Ba型青花瓷碗

1. T1①：16正视图

2. T1①：16底视图

3. G3③：16正视图

4. G3③：16底视图

5. G3③：22正视图

6. G3③：22底视图

7. H3：5正视图

8. H3：5底视图

Ba型青花瓷碗

1. H4：17正视图

2. H4：17底视图

3. T1①：23正视图

4. T1①：23底视图

5. WJ：9正视图

6. WJ：9底视图

7. WJ：30正视图

8. WJ：30底视图

Ba型青花瓷碗

1. Ba型（H2：36）正视图

2. Ba型（H2：36）底视图

3. Ba型（WJ：31）正视图

4. Ba型（WJ：31）底视图

5. Bb型（XJ：8）正视图

6. Bb型（XJ：8）底视图

7. Bb型（H2：92）正视图

8. Bb型（H2：92）底视图

青花瓷碗

1. G1⑤：2正视图

2. G1⑤：2俯视图

3. 采集：25俯视图

4. 采集：25底视图

5. 采集：25正视图

6. H4：8正视图

7. H4：8俯视图

8. H4：8底视图

Bb型青花瓷碗

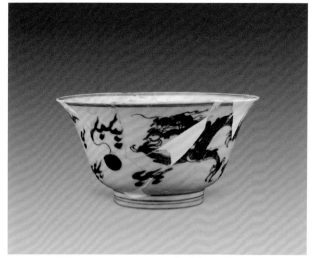

1. H4：13正视图1

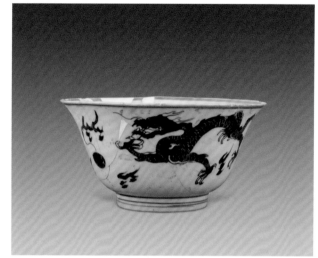

2. H4：13正视图2

3. H4：13俯视图

4. H4：15正视图

5. H4：15俯视图

6. H4：15底视图

Bb型青花瓷碗

1. DH5：6正视图

2. DH5：6俯视图

3. DH5：6底视图

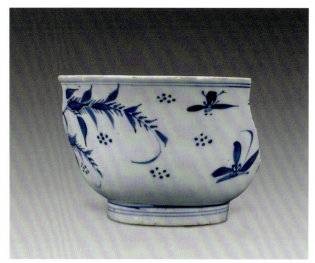

4. H2：113正视图

5. H2：113俯视图

6. H2：113底视图

Bb型青花瓷碗

图版一二六

1. 采集：30正视图

2. 采集：30俯视图

3. 采集：30底视图

4. H4：12正视图

5. H4：12俯视图

6. H4：12底视图

Bb型青花瓷碗

1.Bc型（T2②∶4）正视图

2.Bc型（T2②∶4）俯视图

3.Bc型（T2②∶4）底视图

4.C型（G2H1∶6）正视图

5.C型（G2H1∶6）俯视图

6.C型（G2H1∶6）底视图

青花瓷碗

1. C型青花碗（H2：80）正视图

2. C型青花碗（H2：80）底视图

3. C型青花碗（CQ①：5）正视图

4. C型青花碗（CQ①：5）底视图

5. 盏托（采集：117）俯视图

6. 盏托（采集：117）底视图

7. 盏托（采集：116）正视图

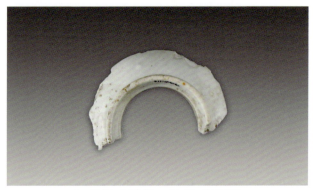

8. 盏托（采集：116）底视图

瓷碗、盏托

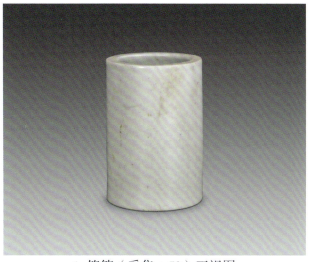

1.笔筒（采集：53）正视图

2.笔筒（采集：53）俯视图

3.鸟食罐（H2：72）正视图

4.鸟食罐（H2：72）底视图

5.鼻烟壶（H2：11）正视图

6.鼻烟壶（H2：11）俯视图

瓷笔筒、鸟食罐、鼻烟壶

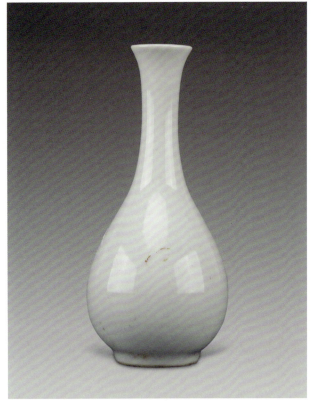

1. A型（采集：82）

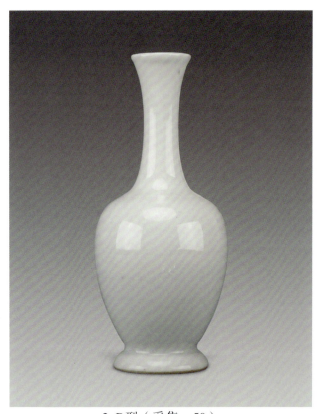

2. B型（采集：50）

3. C型（采集：45）正视图

4. C型（采集：45）俯视图

瓷瓶

1. D型瓶（采集：44）

2. 盒（采集：114）

3. 钵（H2：77）俯视图

4. 钵（H2：77）底视图

5. 盆（DH1：2）正视图

6. 盆（DH1：2）底视图

瓷瓶、盒、钵、盆

1. Aa型（T1H14：7）正视图

2. Aa型（T1H14：7）俯视图

3. Ab型（T1H14：6）正视图

4. Ab型（T1H14：6）俯视图

5. B型（WJ：20）正视图

6. B型（WJ：20）底视图

瓷罐

1. B型罐（采集：146）正视图

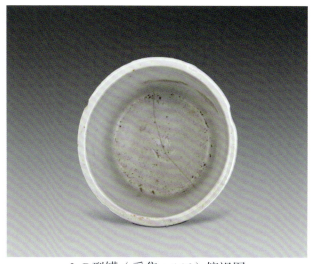

2. B型罐（采集：146）俯视图

3. C型罐（采集：139）

4. D型罐（T1①：1）

5. 鸟形笔插（采集：58）正视图

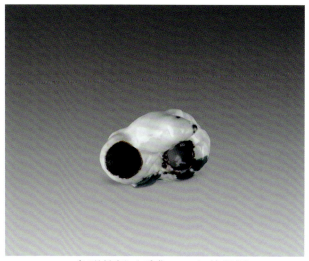

6. 鸟形笔插（采集：58）俯视图

瓷罐、鸟形笔插

1.鸡（H1：1）正视图

2.鸡（H1：1）侧视图

3.鸭（H2：73）正视图

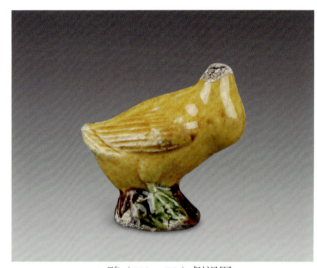
4.鸭（H2：73）侧视图

5.狮（H2：70）正视图

6.狮（H2：70）侧视图

瓷鸡、鸭、狮

1. 坐俑（H2∶69）正视图

2. 坐俑（H2∶69）侧视图

3. 骑马俑（H2∶71）正视图

4. 骑马俑（H2∶71）侧视图

瓷坐俑、骑马俑

1.小壶（H2：7）正面　　　　　　　　　2.小壶（H2：7）背面

 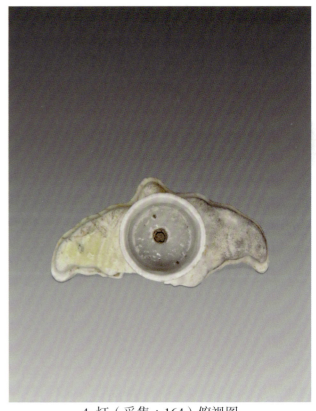

3.灯（采集：164）正视图　　　　　　　4.灯（采集：164）俯视图

瓷小壶、灯